Jürgen Dahl
Der unbegreifliche Garten
und seine Verwüstung
Über Ökologie
und über Ökologie hinaus

Klett-Cotta

Für die freundliche Genehmigung zum Nachdruck der Abbildungen auf den Seiten 80 und 167 bedanken wir uns bei dem Verlag Gustav Fischer, Stuttgart-Hohenheim, sowie *Cern Courier*, Genf.

CIP-Kurztitelaufnahme der Deutschen Bibliothek

Dahl, Jürgen:
Der unbegreifliche Garten und seine Verwüstung:
über Ökologie u. über Ökologie hinaus /
Jürgen Dahl. – Stuttgart: Klett-Cotta, 1984.
ISBN 3-608-93074-4

Verlagsgemeinschaft Ernst Klett Verlage KG – J. G. Cotta'sche
Buchhandlung Nachfolger GmbH, Stuttgart
Printed in Germany
Umschlaggestaltung: Hitz und Mahn, Stuttgart
Satz: Alwin Maisch, Gerlingen
Druck: Verlagsdruck, Gerlingen

Inhalt

I
Der unbegreifliche
Garten

Wie man Adler
mit Bouletten ausrottet

Nur wer sehr regelmäßig die Zeitung liest, vermag bei einer Meldung über ölverschmierte Seevögel zu sagen, ob es sich um die letzten Opfer der vorigen oder um die ersten Opfer einer neuen Ölpest handelt; mit ziemlicher Regelmäßigkeit folgt eine auf die andere, und gar nichts mehr hört man von den ölfressenden Bakterien, von denen uns die Verteidiger des Fortschritts doch schon lange versprochen haben, sie, die Bakterien, würden künftig alle Ölteppiche zernagen und wir, die ewigen Umwelt-Nörgler, machten uns wieder einmal ganz unnötige Sorgen.

Die Bakterien sind noch nicht da, aber im Skagerrak hat es wieder ein paar hunderttausend tote Vögel gegeben, ob 200 000 oder 300 000, weiß man nicht genau; wer mag die Kadaver schon zählen, während man sie mit Schaufeln auf Lastwagen verlädt, um sie irgendwo zu verscharren. Der Urheber des Desasters soll – auch dies weiß man noch nicht genau – ein griechischer Kapitän gewesen sein, der, gegen alle Verbote, die Laderäume seines Tankers auf hoher See ausgespült hat. Wenn das zutrifft, dann bestätigt es nur die alte Regel, daß Verbote gewöhnlich dasjenige beschreiben, was dann doch geschieht. Insofern ist an der Meldung kaum etwas Bemerkenswertes, – bemerkenswert ist aber doch etwas anderes: nämlich das Mengenverhältnis von 1 Kapitän zu, sagen wir vorsichtshalber: 200 000 toten Seevögeln. Da offenbart sich in anschaulicher Schlichtheit ein Grundprinzip moderner Katastrophen, welches diese von allen menschlich verursachten Katastrophen früherer Zeit unterscheidet und denen zu denken geben sollte, die uns so gern mit dem Hinweis zu trösten versuchen, der Mensch habe immer schon die Natur mißhandelt.

Nie hat es das gegeben: daß ein einzelner Mensch, kurz vorm Schlafengehen, mit einem einzigen Befehl an die Bedienungsmannschaft der Bilgenpumpen (und ohne daß jemand sonst von diesem Befehl wußte oder ihn gar hätte verhindern können) 200 000 Seevögel mit einem Schlage zum Tode verurteilt. Nur noch zwei oder drei solcher Befehle wären nötig, um die Zahl der Opfer auf eine Million zu erhöhen und ein paar seltenere Arten vollends aussterben zu lassen – dies nicht im Laufe von Generationen, sondern im Laufe einer Tankersaison. Das beklemmende Mißverhältnis zwischen der Winzigkeit des Verursachers und der Größe des von ihm angerichteten Unheils ist die Lehre aus jenem Vorfall am Skagerrak, und vieles spricht für die Vermutung, daß dies das genaue Muster für mancherlei künftige Unbill darstellt.

Überhaupt sind ja in vielen Zeitungsmeldungen solche Muster verborgen, und die Meldungen werden, wenn man sie richtig liest, zu Parabeln des modernen Lebens. Das Museum für Naturgeschichte in Chikago hat einen Film produziert, mit dem es seine Besucher darüber aufklärt, daß der Philippinische Adler, der zweitgrößte Adler der Welt, vom Aussterben bedroht ist, weil sein Lebensraum, der tropische Regenwald, durch rücksichtsloses Abholzen verwüstet wird.

Die Abholzung dient dem Bedürfnis fortgeschrittener Industriegesellschaften nach exotischen Hölzern, man weiß ja, wie die Möbelmoden wechseln, und wo der Wald gerodet worden ist, gründet man gern Rinderfarmen; sie gehören amerikanischen oder europäischen Firmen, und ihre Produkte werden ebendorthin geliefert, wo auch Aufklärungsfilme über das Aussterben des Philippinischen Adlers vorgeführt werden. Solche Filme kann das Chikagoer Museum übrigens nicht selbst finanzieren, dafür gibt es Mäzene, und jener Adler-Film wurde finanziert von einem Mäzen namens Ray Kroc. Ray Kroc aber ist der Besitzer einer der größten Schnellrestaurant-Ketten in Amerika.

Da nimmt die Logik neuzeitlichen Lebens ihren Lauf: Für die Gewinnung jenes Fleisches, aus dem die Schnellrestaurants ihre Bouletten zubereiten, wird der Tropenwald abgeholzt, was den Bestand des Philippinischen Adlers gefährdet; aus den Geldern aber, die beim Verkauf der Bouletten übrigbleiben, wird dann ein Aufklärungsfilm über die Abholzung der Tropenwälder und die Gefährdung des Philippinischen Adlers finanziert. Würde jemand den Philippinischen Adler gleich zu Bouletten verarbeiten – die Verachtung vieler Esser wäre ihm gewiß. Die indirekte Methode bietet nicht nur den Vorteil, daß die Verursacher schier unsichtbar werden, sondern noch den zusätzlichen Nutzen, daß sie das Unheil, das sie verursachen, als Mäzene zu Reklame verwursten können und daß man schon sehr aufmerksam zwischen den Zeilen lesen muß, um zu erfahren, wie es denn eigentlich zugeht in dieser Welt.

Bericht von der Abschaffung der Schimpansen

Daß der Mensch nichts weiter sei als ein Affe, nur ohne Fell und mit etwas mehr Hirn, und daß er sich auf dieses sowie auf seine Geschichte und auf seine Fertigkeiten gar nichts einbilden dürfe, weil er dennoch ein Säugetier bleibe –, das ist ein Hauptstück aus dem Katechismus aufgeklärter zeitgenössischer Lebenswissenschaft, und es wird viel Mühe aufgewandt, um die Beweise dafür herbeizuschaffen:

Einerseits zeigt man uns triumphierend, daß wir uns im Zustand der Unschlüssigkeit genauso hinterm Ohr kratzen, wie das, zum Beispiel, die unschlüssige Katze tut, und andererseits übt man mit langmütigen Schimpansen so lange eine ziemlich dürftige Zeichensprache ein, bis sie nachgeben und, um endlich an ihre Banane zu kommen, das mitmachen, was die Experimentatoren dann stolz Kommunikation nennen.

Man nähert sich also der Sache von beiden Seiten, indem man sowohl das Tierische im Menschen enthüllt wie auch den Tieren – wenigstens den stets zu einem Schabernack aufgelegten Schimpansen – etwas von dem zu applizieren sucht, was bis dahin als typisch menschlich galt, und ganz ungeniert spricht man von der »Zoologie des Menschen« so gut wie von der »Anthropologie des Tieres«.

Die Vereinigung der zuvor getrennten Naturreiche ist ein Vorgang, dessen tiefere geistesgeschichtliche Bedeutung noch kaum wahrgenommen, geschweige denn ausgelotet worden ist: Der Mensch vertreibt sich selbst vom Logenplatz und verweist sich ins Parkett, eine Art kopernikanischer Wende, aus der nun, so ließe sich immerhin denken, eine neue Form franziskanischen Bewußtseins von der Gemeinsamkeit der Kreaturen entstehen könnte, auch: Betroffenheit über die Erkenntnis, wie arrogant und bestialisch unser bisheriger Umgang mit den Brüdern und Schwestern aus den niedrigeren Ordnungen des Tierreichs doch gewesen ist, gemessen daran, daß wir ihnen nicht nur wertvolles Erbgut verdanken, sondern nun auch noch sehen müssen, daß sie die Grundformen unseres Kommunikationswesens zu erlernen imstande sind, – und wenn sie dies, obwohl sie es gar nicht nötig hätten, für den Lohn einer Banane tun, dann sollte das nicht zur Geringschätzung der Entlohnten, sondern eher zur Beschämung der Lohnherren angetan sein.

Aber auf Franziskanisches lauert man vergeblich, die Verbrüderung findet nicht statt, im Gegenteil: Die schamlose Mechanisierung des Eierlegens, die es nie gegeben hat, als man die Hühner noch für niedere Kreaturen hielt, begann in eben jener Zeit zu florieren, als man entdeckte, daß zwischen dem Sozialleben des Menschen und dem des Geflügels erstaunliche Übereinstimmungen bestehen; die rücksichtslose Ausrottung ganzer Tierarten hat zu eben jener Zeit begonnen, da man den Menschen selbst endgültig zur Säugetierart erklärte; und der amerikanische Neurochirurg Robert White begann mit dem Verpflanzen von Schimpansenköpfen zu eben jener Zeit, als seine Kollegen von der zoologischen Fakultät die kommunikative Intelligenz dieser Spezies experimentell belegen konnten.

Der mögliche Einwand, es sei unnötig oder gar unsittlich, sich über derlei zu ereifern, da doch der Mensch dem Menschen noch viel Schlimmeres antue als den Tieren, verfehlt den Kern der Sache, der darin liegt, daß der ganze Strom von Brutalität sich aus derselben Quelle speist; mögen sich die Opfer durch ihre verschiedene Stellung im zoologischen System unterscheiden – die Henker sind sich allemal gleich, auch darin, daß sie meist humane oder gar humanitäre Beweggründe vorzuweisen haben.

Wenn also jetzt die bevorstehende Ausrottung der kommunikativ begabten (und übrigens auch sonst zu Liebenswürdigkeit und Geselligkeit neigenden) Schimpansenvettern anzukündigen ist, dann kann man dieser Nachricht nicht mit dem Hinweis begegnen, daß in dem gleichen Afrika, in dem die Ausrottung stattfindet, sich mit *Menschen* noch ganz andere Dinge ereignen. Was die Schimpansen angeht, so sind sie, zu ihrem Unglück, wegen der engen Verwandtschaft mit dem Menschen die einzigen Lebewesen, an denen sich die Wirksamkeit und Ungefährlichkeit eines Impfstoffes testen läßt, den die amerikanische Firma Merck, Sharp & Dohme in zwei oder drei Jahren auf den Arzneimittelmarkt bringen will, und der gegen eine gefürchtete, in ständiger Ausbreitung begriffene Krankheit wirksam ist, gegen die Hepatitis B, eine von einem Virus verursachte Leberentzündung, die bei Bluttransfusionen und bei Injektionen mit unsauberen Spritzen, aber auch auf anderen, noch im Dunkel liegenden Wegen übertragen werden kann. 1500 Menschen sterben jährlich in den USA daran.

Der Bedarf an Test-Tieren ist so groß, weil man jeden Schimpansen nur einmal benutzen kann. Danach, so heißt es, wird er zur Zucht neuer Test-Tiere weiterverwendet, aber zuvor müssen reichlich Schimpansen aus der Wildnis herbeigeschafft werden; die erste Order ist schon erteilt, sie beläuft sich auf 125 Tiere, wozu nach Angaben von Experten wegen der Transportverluste 600 eingefangen werden müssen; das geschieht in der Regel derart, daß man eine Schimpansenmutter erschießt und sich ihrer Jungen bemächtigt. Die Bedarfszahlen und die Verfahrensweise lassen die Erwartung realistisch erscheinen, daß die etwa 50 000 noch lebenden Schimpansen binnen kurzem von dieser Erde verschwunden sein werden, für alle Zukunft. Sie seien freilich, so sagen die Pharmazeuten, ohnehin zum Aussterben verurteilt, da man immer mehr Urwälder in Ackerland umwandele, und außerdem von den Japanern und den Polen gleichfalls wegen der Hepatitis hohe Schimpansenbestellungen aufgegeben worden seien, so daß hier gar nicht mehr das Schicksal der Schimpansen zur Entscheidung stehe, sondern nur noch die Frage, welches Land den Hepatitis-Impfstoff zuerst erzeugen werde.

In jedem Fall – und durch wessen Schuld auch immer – wird der Versuch, der Hepatitis B mit einem Serum beizukommen, zwar möglicherweise eine Eindämmung der Krankheit bewir-

ken, mit ziemlicher Sicherheit aber die Ausrottung einer hochentwickelten und einzigartigen Säugetierart. Das Humanitäre
gerät, nicht zum ersten Mal, aber besonders eindrucksvoll, zum
Frevel, die Kurierung einer durch allerlei Zivilisations-Machen-
schaften offenbar genährten Krankheit fordert als Preis die Beseitigung einer ganzen Spezies – das heißt: sie fordert ihn nicht
eigentlich, sondern der Preis wird freiwillig und absichtsvoll
dafür erlegt: ein Genozid zur Hebung der Volksgesundheit.
1500 Todesfälle in den USA genügen, um die Abschaffung der
Schimpansen zu rechtfertigen, deren Vetternschaft man gerade
erst beglaubigt hat, und niemand wagt den Vorschlag, lieber
die Methoden des Impfstoff-Testens weiterzuentwickeln, ehe
man seine engsten Verwandten umbringt. Man darf gespannt
sein, wann die hier praktizierte Moral in Ermangelung von
Schimpansen auf Menschengruppen angewandt wird, die man
für ebenso entbehrlich hält wie Affen.

Es mag, neben manchem anderen, was es zu besichtigen gibt,
als eine Marginalie angesehen werden, wenn die letzten
Schimpansen in den Affenställen der pharmazeutischen Industrie verschwinden. Aber noch als Marginalie kennzeichnet es
die geistige Verfassung einer Menschheit, die sich den größten
Teil ihrer schwersten Krankheiten selber macht, indem sie zum
ausschließlichen Zweck der Hebung des Lebensstandards jeden
Unfug in Tat und Geld umsetzt, der ihren Erfindern beifällt,
und dann die Opferung einer Säugetiergattung für einen Akt
der reinsten Menschlichkeit ausgibt, weil sie nur noch auf solchen Wegen eine Zeitlang die Illusion retten kann, sie vermöchte die Übel, die sie selber schuf, auch selber wieder abzuwenden.

Der unbegreifliche Garten und seine Verwüstung

Der Garten ist nicht groß. Die Taxushecken, die ihn umgeben, sind glattgeschnitten, schließen ihn ein wie Wände und sind nur an einer Stelle von einer weißen Gittertür unterbrochen. Der Garten ist künstlich, er ahmt die Natur nicht nach. Es gibt einen Steintrog, in den aus einem Rohr ein dünner Wasserstrahl rinnt, streng gefaßte Beete, quadratisch, dazwischen helle Kieswege. Auf den Quadraten eine Sammlung von Gewächsen, Beispiele aus vielen Ordnungen und Familien: eher eine Art von botanischem Archiv. Zwei niedrige Holzbänke, eine davon beim Wassertrog, die andere bei der Steinmauer, aus deren offenen Fugen sich dickfleischige Dachwurzrosetten und flache Steinbrechpolster schieben. Zwischen allen Pflanzen weiße Steckschilder mit den deutschen und den lateinischen Namen.

Codonopsis clematidea. Die Tigerglocke. *Dünne, weiche Stengel, graugrün beblättert, die sich teils zu Boden neigen, teils im Geäst eines Ilexbusches verfangen. Die Blüten hängen als schmale bläulichweiße Glocken nach unten – die Tigerglocke gehört zur Familie der Glockenblumengewächse.*
Wenn man eine der unscheinbaren Blüten nach oben biegt und in ihren Kelch blickt, überrascht der dunkelbraune Fleck im Boden der Glocke, von einem gelben Ring umgeben: ein Tigerauge. Bricht man die Blüte oder einen Stengel ab, dann quillt weißer Milchsaft heraus, ein paar dünnflüssige Tropfen; sie riechen herb und spitz nach Raubtierkäfig, nach feuchtgewordener Spreu: Was die Zeichnung andeutet, bestätigt der Geruch, und beides gehört nicht hierher, sondern reicht von anderswo herüber wie eine verirrte Spiegelung oder wie eine Geste.

16

Wer daraus etwa die Frage ableitet, ob einem solchen Signal aus dem Tierreich im Pflanzengarten irgendeine Art von tieferer Bedeutung innewohne, der bekommt von den Botanikern schnellen Bescheid. Dies, sagen sie, habe nicht das Geringste zu bedeuten, denn der Duftstoff im Milchsaft der Tigerglocke habe sich im Laufe der Entwicklungsgeschichte als Abwehrstoff gegen irgendwelche Freßfeinde herausgebildet, die Blütenzeichnung als Lock- und Erkennungssignal für bestäubende Insekten – und folglich sei die Übereinstimmung zwischen beiden der schiere Zufall, ein kleiner Witz, den die Natur sich da erlaube und bei dem sie sich schon deshalb nichts gedacht habe, weil sie bekanntlich gar nicht denken könne.

Daß die Natur sich einen kleinen Witz geleistet habe, ist daher ganz metaphorisch und unernst gemeint. Man legt, auch wenn man gelegentlich so bildlich redet, geradezu Wert auf die Feststellung, daß es »die Natur« eigentlich gar nicht gibt. Kein Geist schwebt da über den Wassern, nichts waltet über allem, im Gegenteil: das Grundgesetz vermutet man in den Niederungen der Moleküle und Atome, es hat sich so gefügt, daß daraus irgendwann auch eine Tigerglocke wurde. Moleküle und Atome haben kein Ziel, das einem Gedanken oder einem Plan vergleichbar wäre, sie haben nur ein Ergebnis.

Ungezählte gemeinverständliche Bücher tragen die Botschaft von der Planlosigkeit und der daraus gefolgerten Sinnlosigkeit ins Publikum, welches bereit ist, auch noch *diese* Apotheose des Atoms als des Urgrundes der Welt wie einen erlösenden Fortschritt mitzufeiern.

Die Tigerglocke ist kein Beweis dagegen. Aber die wissenschaftliche Bestandsaufnahme der Tigerglocke ist auch kein Beweis dafür. Vor aller Wissenschaft ist diese Tigerglocke ein Pflanzenwesen, eigenartig und einzigartig, und die Bestandsaufnahme ist lückenhaft bis dorthinaus, in selbstgewählter Beschränkung nach den Kriterien der Meßbarkeit erstellt, wozu es zuvörderst der Zerlegung bedarf. Erscheinung, Gestalt und Duft und Gestik des Pflanzenwesens, seine Physiognomie im weitesten nur denkbaren Sinne, bleiben diesem Verfahren unzugänglich, – genau dasjenige also, was den Betrachter ergreift und was, wenn die Natur doch ein Gedanke wäre, den Inhalt dieses Gedankens ausmacht. Weder läßt er sich in Daten fassen, noch hat die Terminologie der Wissenschaft Wörter für die ungeteilten Phänomene. Woraus – da doch nichts wirklicher ist als eben diese Phänomene – unmittelbar folgt, daß das Angebot der Wissenschaft, sie werde das Leben beschreiben und erklären, nicht einzuhalten ist – es sei denn, man verweise das Unmeßbare und Unermeßliche von vornherein in den Bereich der subjektiven und unverbindlichen Schwärmerei.

(Was in der Tat oft genug geschieht. Es war ein Professor der Biologie, der, im Garten zu Besuch, nachsichtig lächelnd versicherte: der Eindruck, den die Tigerglocke beim Betrachter hervorrufe, sei nichts als ein vages Gefühl und im Sinne der Wissenschaft bestenfalls ein psychologisches Phänomen bei dem, der es empfinde.)

Die Tigerglocke, so dekretiert diese Wissenschaft, könne man nur erkennen, wenn man sie zuvor zerlegt, ihre Teile auf deren Ursache und diese wiederum auf ihre Ursachen hin untersucht habe. Das ist geschehen. Die Tigerglocke – und nicht nur sie – hat man dabei ziemlich aus den Augen verloren, und wer in der merkwürdig anziehenden Übereinstimmung von Zeichnung und Geruch das Aufblitzen größerer, zusammenhaltender Gedanken wahrzunehmen meint, wer hier und sonst das Physiognomische überhaupt für der Rede wert hält, der wird mit Strenge aus dem Reich der Wissenschaft in die Provinz des Feuilletons oder der Theologie verwiesen.

Das cartesianische Bemühen, die Gesetze der Welt im Souterrain zu suchen, den Bauplan des Hauses aus der genauen Vermessung seiner Mauersteine zu gewinnen, die Unbegreiflichkeit der Phänomene dadurch unschädlich zu machen, daß man sie in ihre Teile zerlegte und diese auf ihre Ursachen untersuchte, bewirkte die Denaturierung der gesamten Natur zum Objekt zergliedernder Erforschung. Aber nicht *daß* dies geschah, war entscheidend, sondern: daß es mit der erklärten Absicht und in der unerschütterlichen Hoffnung geschah, so und

18

nur so seien die Rätsel der Welt zu lösen, nur so sei Erkenntnis zu erlangen, und nur das so Erlangte sei Erkenntnis, alles andere Aberglaube, vorwissenschaftlicher Dunst.

Übrigens wurde das Verfahren oft genug in unbeabsichtigter Selbstentlarvung als gewaltsamer, ja kriegerischer Angriff auf die Natur verherrlicht: Man »entriß« der Natur ihre Geheimnisse, »zwang« ihr die Antwort auf Fragen ab und bejubelte die so gewonnenen Auskünfte als »Siege« über einen Feind, der sich heftig gewehrt hatte. Wie oft aber ist der Dumme der Sieger – und der Sieger der Dumme.

Die für das zahlende Publikum angefertigte Literatur über den Fortschritt der Wissenschaft kann man einteilen in Hofberichte und Frontberichte, und ziemlich fern ist auch nur die Ahnung, daß eine andere Art von Fragen auch eine andere und vielleicht zutreffendere Art von Antworten erbringen könnte.

Gleichsam nebenbei erwies sich, daß die Natur im zergliederten Zustand leichter und erfolgreicher genutzt werden konnte; ihre Ausbeutung wurde ebenso vervollkommnet, wie das Instrumentarium der Zergliederung immer weiter verfeinert und damit der zerstörerische Charakter des Verfahrens immer mehr verschleiert: Die Fertigkeit, selbst etwas so Winziges wie ein Gen noch an der gewünschten Stelle zu zerschneiden, ist so staunenswert, daß der Verdacht, dies könnte prinzipiell ungehörig sein, gar nicht aufkommt – doch ist dies schon ein späteres Kapitel.

*

Inzwischen gab es Beistand von anderer Seite: Zu der Zerlegung des Bildes in seine Striche und Punkte kam die Zerlegung des Daseins in die Teilstrecken seines Werdens.

Chara fragilis. Die Armleuchteralge. *Im Wassertrog des Gartens wächst die Alge Chara. Mit quirligen Blatt-Etagen, fädigen Blättern und Seitensprossen in den Blattachseln bietet sie das Bild einer einfachen, aber auf ihre Art vollkommen ausgebildeten höheren Pflanze. Chara ist aber eine Alge und hätte sich, wie die allermeisten Algen, mit schlichten Fäden oder Lappen zu begnügen, in denen gleichartige Zellen aneinandergereiht sind. Statt dessen probt sie die Verzweigung, entwirft die Gestalt der höheren Pflanze, in großer Zartheit, wobei der Auftrieb, den das Wasser verleiht, die stützenden Elemente ersetzt, die ihr fehlen. Chara nimmt etwas vorweg, was erst auf einer anderen Stufe der Entwicklung ganz ausgefaltet wird, und dann mit weit größerem Aufwand, mit Zelldifferenzierungen, Leitungsbahnen, Rindenschichten und Blüten; sie ist wie eine erste Entwurfsskizze zu einer höheren Pflanze – aber es ist ganz und gar nichts Unfertiges daran: Die Andeutung künftiger Pflanzengestalten gewinnt ihre eigene Art von Vollkommenheit durch die Sparsamkeit der Mittel.*

Der Entwicklungsgedanke, die Entdeckung also, daß eines aus dem anderen entstanden ist, die Alge Chara somit wirklich eine Ahne höherer Pflanzen wäre, – dieser Gedanke wirkte schokkierend, weil, wenn er stimmte, sogleich die Tatsache mitzudenken war, daß dann auch der Mensch ein Nachfahr der Säugetiere, ja, der Affen sein mußte.

In dem Wunschtraum einer Dame der besseren englischen Gesellschaft fand der Schock seinen hübschesten Ausdruck: Die Darwinsche Abstammungslehre, so rief die Lady, sei ekelhaft, aber wenn sie denn zuträfe, so möge sie sich wenigstens nicht herumsprechen. Und Lord Tennyson, der fromme Barde in seinem Schloß auf der Isle of Wight, fragte Darwin, als dieser ihn besuchte, ob er denn mit seiner Lehre Gott leugnen wolle; was Darwin verneinte, denn er war ein gläubiger Mann und trachtete nur danach, Gottes Wege etwas heller auszuleuchten.

Der Gedanke an die Affen war schockierend – aber andererseit war die Abstammungslehre einleuchtend, fügte sich aufs beste in die sozialen Anschauungen des viktorianischen England, in dem sie entstanden war, und ließ sich paläontologisch einigermaßen plausibel machen – wiewohl Chesterton spotten konnte, die »Evolutionisten« wüßten alles über das *missing link,* das fehlende Glied zwischen Affe und Mensch, nur vergäßen sie beständig, daß es eben fehle, – ein Problem übrigens, das noch heute unbequem ist, bei den ungezählten *missing links*, die zwischen den Arten angenommen werden müssen, aber nicht zu finden sind.

Später kam dann Teilhard de Chardin und machte Darwins Lehre von der allmählichen Entwicklung mit dem Glauben an Gottes einmalige Schöpfungstat vereinbar, indem er die Entwicklung zu einer Art von kontinuierlicher Schöpfung erklärte. Zur Strafe wurde er von seiner Kirche nach China verbannt, und es bleibt bis heute unbegreiflich, wie die Kirche die Eleganz von Teilhards Versöhnungsformel übersehen und sich überhaupt bedroht fühlen konnte, statt den Schiedsmann als Friedensstifter zu feiern, der es den Theologen recht machte und der Wissenschaft auch.

Zum anfänglichen Schock trat, auch gleich am Anfang, die Faszination: Nicht nur der Mensch das derzeit letzte Glied einer Entwicklung, sondern *jedes* Lebewesen nur ein Punkt auf einer langen, nach oben führenden Linie, von der Mikrobe zum Makaken, von der Alge bis zum Apfelbaum, alles fließt, alles ist in Bewegung, alle sind auf dem Weg zu immer größerer Vollkommenheit, Wanderlust höheren Grades mit einem geziemenden Anteil tragischen Ernstes: Weiter, nur weiter ...

Es war aber, was in der Begeisterung leicht übersehen werden konnte, mit dem Gewinn an Einsicht in den Ablauf ein empfindlicher Verlust verbunden: Indem man den Prozeß des Werdens betonte, kam der Sinn für das Gewordene zu einem Teil abhanden. Die Geschichte der Lebewesen wurde in ihre Abschnitte zerlegt, die Welt, zuvor ein großer Garten mit allerlei Pflanzen und Getier, wurde eine Funktion der Zeit und ihre Bewohnerschaft zu einem Heer namenloser Gestalten mit keinem anderen Auftrag und keinem anderen Lebenssinn als dem, die Geschichte fortzuführen. Jedes Lebewesen war nun nicht mehr nur (und bald überhaupt nicht mehr) das gegenwärtige und einzigartige Gegenüber mit dem Recht des Einzelnen, sondern ein austauschbares Exempel, die mechanische Ausfüllung einer historischen Gußform.

Die Degradierung war doppelt und dreifach: Die Lebewesen wurden zu Konstrukten, an denen man abmaß, was ihnen noch fehlte, um immer menschenähnlicher zu werden, der Mensch wurde zum »nackten Affen«, dem seinerseits einige höchst zweckmäßige zoologische Eigenschaften abhanden gekommen waren, und alle zusammen mußten sich sagen lassen, daß sie »nur« Zwischenstationen auf der durch ungeheure Zeiträume führenden evolutionären Reise seien.

Viscum album. Die Mistel. *An einem Zweig des Apfelbaumes wächst ein kugeliger Mistelstrauch, schmarotzend, ohne eigene Wurzeln. Ein Dutzend der klebrigen Samen wurde vor Jahren im Dezember an junge Äste geheftet, einer davon überdauerte den Winter und schob im folgenden Frühjahr zwei kleine grüne Stengelfüße heraus, deren Sohlen sich mit der Rinde des Zweiges verbanden. Ein Jahr darauf, wieder im Frühjahr, hob sich der Stengel an und entfaltete am oberen Ende zwei winzige Blätter. Wieder ein Jahr später wuchsen aus dem Winkel dieser Blätter zwei neue kurze Stengel mit wiederum je zwei Blättern. So setzte sich die Mistel Jahr für Jahr stockwerkartig in jeweils verdoppelter Gabelung fort, bis eine Andeutung der Kugelgestalt erreicht war und, sechs oder sieben Jahre nach der Anheftung des Samens, zum ersten Mal im frühen Frühjahr die unscheinbaren Blüten erschienen, die im Mai zu grünen Beeren werden; im Dezember schließlich, mit ganz absonderlicher Zeitverschiebung, die Beerenreife: weiße Kugeln, von zähem Schleim erfüllt, mit einem einzigen flachen Samenkorn darin. Die Stockwerke der Verzweigungen deuten ein Zeitmaß von Jahren an – aber die Geschichte der Gartenjahre verliert sich schnell. Im Garten gilt vor allem das Zeitmaß der Tage, innerhalb deren sich eine Irisblüte öffnet und dann verwelkt, der Monate, innerhalb deren die korallenroten Früchte des Aronstabs heranreifen, der Jahreszeiten, in denen sich Vegetationszyklen vollziehen.*

Die Entwicklungslehre verdrängte viel von diesen ursprünglichen Zeitbegriffen. Leben spielt sich nicht mehr vor allem in den Zeitspannen ab, wie sie im Garten sinnfällig werden, sondern in unfaßbaren, heroischen Zeiträumen, in denen sich die Organismen mit ihren kleinen Zyklen als Figurinen verlieren.

Die Freude daran, ja der Stolz darauf, daß man sich unausgesetzt in gradliniger Fortbewegung befinde und nicht etwa nur um sich selbst rotiere, entstand und wuchs zur gleichen Zeit und im gleichen Maße, wie auch die Mittel der alltäglichen Fortbewegung sich entwickelten. Die Deutung der Welt als Fortbewegungsprozeß entfaltete sich vollkommen parallel zu der Steigerung der Geschwindigkeit, mit welcher die Forscher morgens in ihre Laboratorien fuhren.

Die wissenschaftlichen Theorien und die ganze Weltsicht der letzten Jahrzehnte sind weit mehr, als wir uns das für gewöhnlich klarmachen, von den Möglichkeiten und der euphorisierenden Wirkung von Fortbewegung im weitesten Sinne geprägt. Selbst die Freiheit des Menschen wird ja im Zeitalter des Automobils weitgehend als Freiheit zu beliebiger Ortsveränderung definiert. Zwischen Fortbewegung und Zerstörung gibt es tiefe, zum Teil kaum wahrgenommene Zusammenhänge. Insofern ist es durchaus nicht zufällig, daß sich die Zerstörung der Natur in dem Maße ausweitete, wie auch ihre entwicklungsgeschichtliche Entfaltung als Fortbewegungsprozeß dargelegt werden konnte: Es wäre ganz kurzsichtig, die Zerstörung nur als Folge eines immer wachsenden Transportwesens zu sehen. In diesem Sinne ist es dann auch nichts weiter als eine (vielleicht letzte oder vorletzte) Konsequenz, wenn das zerstörende Wirken sich schließlich auf den Entfaltungsprozeß selber richtet und ihn mittels der genetischen Technik zugunsten ausgedachter Zweckmäßigkeiten zu steuern trachtet.

Während man für die alltägliche Fortbewegung neue Naturkräfte und Stoffe als Treibmittel aufspürte, entdeckte man auch die Kräfte und Stoffe, die jene evolutionäre Fortbewegung ermöglicht hatten. Die Ursachen wurden gesucht und gefunden, und wieder ging dem die Zergliederung voran. Man fand die Chromosomen als Träger der Erbanlagen, die spontanen Mutationen als zufällige Veränderungen, die, wenn sie sich bei der Selektionskontrolle bewährten, erhalten blieben und der Entwicklungsgeschichte weiterhalfen, und man fand schließlich die Gene und ihre chemischen Bauelemente als Einzelteile des Motors, der das Ganze in Gang zu halten schien.

Bemerkenswert bleibt freilich, daß das, was hier als Enträtselung des Lebensphänomens gefeiert wurde, zwar auf den ersten Blick von bestechender Einfachheit ist, bei näherem Hinsehen aber längst nicht mehr so plausibel erscheint, wie es die Biologiebücher wahrhaben wollen: Mutation und Selektion als bestimmende Faktoren der Weiterentwicklung sind einleuchtend, wo es nur um punktuelle Veränderungen im Laufe der Generationen geht. Unvorstellbar und unbelegbar hingegen bleibt die Wandlung und Neuentstehung von Bauplänen als Summierung solcher punktuellen Veränderungen und die Herausbildung von Gestalten als Zusammenfügung von je einzeln physikalisch-chemisch bedingten Details. Der gern gebrauchte Vergleich mit technischen Erzeugnissen, die auch durch Versuch und Irrtum, durch minimale Abwandlungen und deren Bewährung in der Praxis ihre Gestalt wandeln, führt irre: Niemals kann durch noch so viele kleine Mutationen aus einem Schlittschuh eine Waschmaschine werden. Mutation und Selektion »erklären« nicht das Rätsel des Gestaltwandels in der Evolution, sie bieten vielmehr als eine Art Verschleierung einen Mechanismus an, der nur so lange überzeugend scheint, wie man nicht den Versuch macht, ihn auf ein kurzes Wegstück der Entwicklung anzuwenden.

Xanthosoma sagittifolium *gehört zu Familie der Aronstabgewächse, hat fleischige, stärkereiche Knollen, die auf vielen pazifischen Inseln als Nahrungsmittel geschätzt sind, und Blätter, die man wie Spinat ißt. In diesen Blättern sind Kristallnadeln aus oxalsaurem Kalzium enthalten. Das ist nichts Ungewöhnliches, die Evolutionsbiologen deuten solche Einlagerungen als ein im Laufe der Entwicklung entstandenes Abwehrmittel gegen Weidetiere. Aber die Nadeln von* Xanthosoma *sind nicht einfache Kristallnadeln, sondern kunstvoll geformte Pfeile, Bruchteile eines Millimeters lang; sie sind am einen Ende breit und stumpf, am andern laufen sie in eine mit vielen winzigen Widerhaken versehene Spitze aus; an den Schmalseiten der flachen Pfeile verläuft eine kleine Einbuchtung, wie man sie von alten Stichwaffen her kennt – dort sollen sie bewirken, daß das Blut aus der Wunde spritzen kann und nicht die Wunde von der Waffe zugleich geschlagen und verstopft wird, eine Vorsorge, die bei den Nadeln von Xanthosoma weit über das hinausgeht, was als tatsächliche Wirkung der Kristalle im Maul eines Weidetieres überhaupt gedacht werden kann. Das heißt: die vollendet konstruierten Pfeile sind gewissermaßen überkonstruiert, und um so weniger ist vorstellbar, wie eine solche Gestalt in kleinen Evolutionsschritten durch Mutation und Selektion entstanden sein soll; eine der wichtigsten theoretischen Vorbedingungen ist nämlich hier nicht erfüllt: daß jeder Entwicklungsschritt vom ungestalteten Kristall zum vollkommenen Pfeil eine deutliche und für den Träger existenzentscheidende Verbesserung gegenüber dem jeweils vorigen Zustand bedeutet. Schlechthin unvorstellbar ist es, daß ein Kristall mit Riefen an den Schmalseiten um so viel wirksamer gewesen sein soll, daß nur jene Exemplare überleben konnten, deren Kristalle mit Riefen versehen waren.*

Kaum anders als mit Mutation und Selektion verhält es sich mit den Genen, deren zufällige biochemische Veränderung die materielle Ursache der Mutation ist. Jedes Gen ist zuständig für eine bestimmte Eigenschaft oder eine Funktion des Lebewesens, die Gene sind der »Code« des Lebens, die Programmierung, nach welcher das Lebewesen zuerst aufgebaut wird und dann sein Leben absolviert. Auch dies klingt den Ohren der Zeitgenossen, die von Computern umgeben sind und das Denken in Programmen nun schon in der Grundschule lernen, plausibel. Und ganz unwiderleglich scheint der Beweis: daß man nämlich aus einer einzigen Zelle eines Lebewesens wieder das ganze entstehen lassen kann. Das heißt ja, daß in dieser

Zelle die ganze Information über Bildung und Funktion des Organismus enthalten sein muß, festgelegt in der Desoxyribonukleinsäure und auf bestimmte Kommandos hin sich fortentwickelnd zum Crocus oder zum Hirschkäfer.

Wenn aber jede Zelle in sich die gesamte Information enthält, durch die der Bau und das Leben eines bestimmten Organismus definiert ist, und wenn jede Zelle, im Laufe der Entwicklung zum fertigen Lebewesen und danach, von diesen Informationen stets nur den winzigen Bruchteil in die Tat umsetzt, der ihr genau zu dieser Zeit und genau an dieser Stelle des Organismus aufgegeben ist, dann muß das auch heißen, daß die Zelle (oder vielmehr der in ihr aufbewahrte Genbestand) zu jeder Zeit genau weiß, an welcher Stelle des Organismus sie sich befindet und was sie folglich, allein oder in Kooperation mit ihren Nachbarzellen, zu tun hat.

Daß dieses Bild einer schlechthin unglaublichen Komplexität uns einleuchtet, hängt nicht nur damit zusammen, daß wir einem gut gebauten Computer eben einfach alles zuzutrauen gewohnt sind, sondern auch damit, daß wir stets den *ganzen* Organismus von *außen* sehen: Da ist es nicht mehr als »natürlich«, daß sich die Blüten der Nachtkerze zur Zeit der Abenddämmerung fast ruckartig entfalten, und wir kennen auch den Grund: Innerhalb einer knappen Stunde wachsen die Blütenorgane mit einer solchen Schnelligkeit, daß sie die Kronblätter auseinanderdrängen, bis diese nach außen umklappen. In jedem der Sekundenbruchteile, aus denen diese Stunde besteht, »weiß« jede Zelle in der Nachtkerzenblüte, daß sie, da die Dämmerung hereingebrochen ist, im Gleichtakt mit den anderen Zellen wachsen und sich teilen muß, schneller als sonst und natürlich genau innerhalb des Bauplanes der Blüte. Wer sich in eine oder mehrere Zellen der Nachtkerzenblüte versetzt und diese Stunde plötzlichen Wachstums nachzuvollziehen sucht, immer im Gedenken daran, daß er (ohne die ganze Nachtkerze zu »sehen«) den Ort kennen muß, an dem er sich in bezug auf das Ganze befindet, und einen Zeitplan haben muß, der sein Wachstum mit dem aller anderen Blütenzellen koordiniert, –

der mag ermessen, wie unvorstellbar im Grunde selbst ein so vergleichsweise einfacher Vorgang bleibt, wenn man sagt, er sei »genetisch programmiert«: So gut wie nichts wissen wir darüber, wie denn die Gene zum richtigen Zeitpunkt den Befehl zur Aktivierung erhalten, und die Hypothese, dafür seien die Operatorgene als nächste Stufe genetischer Hierarchie zuständig, kann nicht befriedigen, weil ja dahinter gleich die Frage steht, wer denn die Operatorgene zum richtigen Zeitpunkt aktiviert. Und wenn es heißt, dafür seien die wiederum übergeordneten Regulatorgene verantwortlich, dann fühlt sich selbst der kybernetisch Denkende eher geneppt und letztlich auf eine Instanz zurückverwiesen, die den Schlüssel, nämlich die *ungeteilte* Information über das Ganze verwaltet, – aber diese Instanz ist in der Genetik nicht vorgesehen.

Hinter der frohgemuten Versicherung der Schulbücher, in den Genen sei das Programm der Lebewesen gespeichert, verbirgt sich ein Abgrund von Unwissen. Der Versuch, das Rätsel des Lebendigen durch immer tieferes Eindringen in seine biochemischen Details zu lösen, führt zwar zu immer genaueren Beschreibungen von Chemismen, aber diese Beschreibung verliert immer mehr den Charakter einer Erklärung: Die Knoten des Rätsels werden nicht gelöst, sondern nur ihre Windungen immer genauer beschrieben.

*

Immer mehr verfiel das Bild des Gartens der Auflösung: die Gestalten aufgelöst in ihre Details, die Gleichzeitigkeit der Lebewesen aufgelöst in die quer dazu verlaufende Lineatur ihrer historischen Heraufkunft, diese Linien wiederum zerlegt in die Elemente ihrer materiellen Ursachen – eine Art von fortschreitendem Pointillismus, dessen Urheber der festen Meinung waren, so und nur so seien die Rätsel des Gartens zu lösen: Man durchwühlte ihn, um endlich an den Plan zu kommen, nach dem er angelegt sein könnte.

Daucus carota. Die Wilde Möhre. *Die Urform der Garten-möhre, mit ähnlich gefiedertem Laub, doch dünner, holziger Wurzel. Die Blüte ist eine vielstrahlige Dolde, die sich zur Samenreife hin in der Mitte immer mehr vertieft wie ein Nest. Manche der weißen Dolden tragen in der Mitte eine dunkel-purpurne, unfruchtbare Einzelblüte, die »Mohrenblüte«. Gene-rationen von Botanikern und Zweckdenkern haben herauszu-finden versucht, welche evolutionäre Entstehungsursache, das heißt: welchen Vorteil diese Mohrenblüte für die Pflanze oder für die sie besuchenden Insekten haben könnte. Die abenteuer-lichsten Vermutungen kamen auf: Die dunkle Blüte sollte durch Vortäuschung eines Insekts andere vertreiben – oder auch umgekehrt: anziehen, sie sollte durch ihre Kontrastwirkung Wildbienen zur Bestäubung anlocken oder auf Weidetiere ab-stoßend wirken. Erst vor ein paar Jahren hat ein tschechischer Botaniker allen Spekulationen ein Ende gemacht, indem er peinlich genau über den Insektenbesuch auf Möhrendolden ohne rote Zentralblüte und auf solchen mit der Mohrenblüte Buch führte und unwiderleglich zeigen konnte, daß die Gäste keinerlei Unterschied zwischen den verschiedenen Dolden machten, daß also die Mohrenblüte für die Insekten ganz ohne Bedeutung ist. Daß Weidetiere die roten Blüten gleichmütig mitverzehren, hatte man zuvor schon festgestellt, so blieb denn nichts von der vermuteten Zweckmäßigkeit übrig.*

Bemerkenswert sind nicht so sehr die vielen Erklärungen, wel-che die Botaniker zuvor angeboten hatten, als vielmehr die Tat-sache, daß sie überhaupt so angestrengt danach gesucht hatten: Geradezu unvorstellbar erschien es ihnen, daß eine für den Blick des Menschen so auffällige Abweichung ohne historisch bedingte Zweckursache sein könnte, daß also die rote Blüte in der Doldenmitte spontan und nutzlos aufgetaucht wäre. Sie würden sich glücklich schätzen und dem Weltgeheimnis wieder etwas näher wähnen, wenn sie wenigstens sagen könnten, auf welchem Chromosom an welcher Stelle das Gen liegt, das durch einen biochemischen Befehlscode die Erzeugung der Mohrenblüte verursacht. Es ist, als ob jemand über die Eisenbahn etwas in Erfahrung bringen wollte, indem er den Fahrplan mit dem Mikroskop untersucht.

Während die Geschichte der Lebewesen zurückverfolgt wurde bis zu den frühesten noch als lebend zu denkenden Koagulationen, rollten die Astronomen die Geschichte der Welt immer weiter nach rückwärts auf und endeten beim sogenannten Urknall, bei welchem gleichsam aus dem Nichts der erste Weltpunkt entstand, der sich seither mit rasender Geschwindigkeit zum Weltall ausgedehnt hat und weiter ausdehnt, dabei Sonnen und Planeten bildend, die wieder verglühen und wieder neu aus dem Staub der Sterne entstehen: Evolution auch hier, Entwicklung in undenkbaren Zeitspannen und Räumen.

Schließlich gelang die Verbindung dieser kosmologischen mit jener biologischen Evolution in einem eher trivialen Experiment, bei dem aus Gas und Wasser und künstlichen Gewitterblitzen als einer ins Winzige verkleinerten Nachahmung früherer Weltzustände im Laboratoriumskolben tatsächlich die Stoffe entstanden, aus denen die ersten, sich selbst reproduzierenden Vorstufen lebender Organismen hervorgegangen sein sollten.

Damit schien das letzte Glied der großen Weltkette gefunden, keine Lücke mehr in der Entwicklungsreihe vom Urknall bis zum Menschen, und die ganze Evolution als eine rein physikalische Veranstaltung enthüllt, jede Veränderung der Qualität, etwa das Auftauchen lebendiger Gestalten, nichts als eine um Größenordnungen gesteigerte Kompliziertheit dieser mechanischen Zusammenhänge, alles etwa Rätselhafte, Unerklärliche zerlegt in die physikalischen Bestandteile einer sich fortwährend selbst reproduzierenden Materie. Nichts gab es jetzt mehr, was sich nicht ohne große Umstände darauf zurückführen ließ, daß am Anfang Helium und Wasserstoff mit einem Knall aus dem Nichts aufgetaucht waren.

Helium und Wasserstoff aber, so schrieb vor nicht langer Zeit ein angesehener Astronom und drückte damit gewiß eine verbreitete Ansicht aus, seien »sozusagen gottgegeben«.

Es mag ja sein, daß sich niemals mit letzter Sicherheit feststellen lassen wird, ob der Anfang der Welt wirklich gottgegeben ist, – aber daß er »sozusagen« gottgegeben sei, klingt aus dem Munde eines Astronomen doch eher nach einer Verlegenheitsfloskel, und wirklich verbirgt sich dahinter eine bemerkenswerte Inkonsequenz:

Die Erkundung der Entwicklung samt ihren chemisch-physikalischen Ursachen, vehement betrieben, als gälte es wirklich, den Ursprung allen Seins zu finden, wird mit einem matten »sozusagen« just an dem Punkt eingestellt, an dem zwar in der Tat die Zugriffsfähigkeit der messenden und rechnenden Wissenschaft endet, an dem aber doch noch, mit aller Nüchternheit und ohne jede metaphysische Voreingenommenheit, einbekannt werden müßte, *daß* da am Anfang etwas ist, von dessen Herkunft und Ursache man nicht das Geringste weiß.

Das Bekenntnis als Prämisse alles darauf Folgenden würde keineswegs bedeuten, unsere Unkenntnis als Gottesbeweis zu mißbrauchen, sondern hieße vielmehr, alle rationale Vermessung der Welt unter den ganz rationalen Maßstab zu stellen, daß das entscheidende Stück Weg vom Nichts zum Wasserstoff eben nicht vermessen werden kann. Wer mit dem Fernglas aus seinem Fenster den Weg der Milch nur bis zur Molkerei zurückverfolgen kann, tut gleichwohl gut daran, in seine Vorstellung vom Wesen der Milch den Vorbehalt einzubauen, daß die Kenntnis aller Abfüllmechanismen belanglos wird, wenn sich herausstellen sollte, daß es so etwas wie Kühe gibt.

Wenn die Frage nach dem Ursprung nicht zu beantworten ist, so bleibt alles Räsonnieren über die Physik – und erst recht: über das Leben als eine Form von Physik – ein Provisorium. Das sind Beschreibungen, die zumindest so lange nicht als die Erklärungen gelten können, für die sie ausgegeben werden, wie unerklärt bleibt, woher die Materie gekommen ist und woher die Gesetze, nach denen sie sich so gesetzmäßig verhält. Mit einem »sozusagen gottgegeben« ist dem nicht zu entkommen. Erst wenn sich über den Ursprung etwas in Erfahrung bringen ließe, könnte man mit so fröhlicher Selbstzufriedenheit von der Entzifferung des Lebenscodes, von der Enträtselung der Weltgeheimnisse und vom Wasserstoff als Anfang aller Selbstorganisation reden, wie es tatsächlich der Fall ist.

Es ist ja der Gipfel der Naivität, wenn man die physikalische Beschreibung eines Phänomens als die Entschleierung seiner Rätselhaftigkeit betrachtet, da doch das Rätselhafte durch solche Beschreibungen nur als Bestandteil einer noch größeren Rätselhaftigkeit ausgewiesen wird. Die Physik, die von ihr beschriebenen Kräfte und Gesetze, die Verhältnisse in den Atomen und Molekülen, die Verhaltensweisen der Stoffe als gewissermaßen selbstverständlich, als »natürlich« anzusehen und die Beschreibung ihres Wirkens als Sieg über einen vorwissenschaftlichen Aberglauben, das ist weit irrationaler als die bescheidene Vermutung, keine noch so genaue Aufklärung des Funktionierens könne je seine eigentlichen Ursachen verständlich machen. Die Unfaßbarkeit des Lebens sollte faßbar gemacht werden durch die Zurückführung auf die Physik; aber nichts ist unfaßbarer als die Annahme, es habe sich mittels der (von irgendwoher kommenden) Wasserstoffatome und einer (von irgendwoher kommenden) Gravitation sowie einiger (von irgendwoher kommender) physikalischer Gesetze alles vom Urknall bis auf den heutigen Tag »von selbst« vollzogen und sei »nur« die Folge davon, daß es eben Physik gibt.

Die Wissenschaft und ihre gemeinverständlichen Herolde feiern das evolutionäre Denken, das beim Urknall beginnt und neuerdings schon nicht mehr beim Menschen, sondern bei den von ihm erzeugten Bakterien endet, als Stiftung eines großen Zusammenhangs, gar als »universales Weltbild« und große Synthese. Aber die Wahrheit ist, daß nichts weniger universal sein kann als ein Weltbild, in dem der unbekannte Ursprung nicht einmal als Erinnerungsposten zu Buche steht, sondern schlankerhand als nichtexistent im Sinne seriöser Wissenschaft ausgegeben wird. Da hört man den Fuchs bellen: er sehe gar keine Trauben, die zu hoch hingen.

Wer nach den Ursachen für das sich ausbreitende Unbehagen an der Wissenschaft sucht, mag auch in dieser Gegend suchen, wo die Wissenschaft, indem sie die Welt aufs Schema und die Zwecke reduziert, jedes Stück Wirklichkeit nur noch als zufälliges und austauschbares Belegstück für das Schema gelten läßt und damit jeder Form zerstörender Nutzung preisgibt. Es kann ja nicht ohne Folgen bleiben, wenn man der Ansicht huldigt, daß Mäuse und Menschen nichts weiter sind als eine vom Wasserstoff nur graduell verschiedene Konfiguration von Materie.

*

Das lebende Gegenüber war zerlegt in seine Bauteile, diese zurückgeführt auf ihre biochemischen und evolutionsgeschichtlichen Ursachen, das Rätsel seines Daseins verdrängt in die große Ferne des Urknalls, seine Individualität, seine Einzigartigkeit so gut wie ausgelöscht zugunsten einer Geschichtlichkeit, die gerade das Besondere des Geschichtlichen, nämlich die Unwiederholbarkeit, ausblendete: Wilde Möhre und Meerschweinchen »als solche« sind, nachdem die Evolution sie hervorgebracht hat, wiederholbar und werden unausgesetzt wiederholt. Umfassendere Begriffe wie der der Gestalt waren als etwas wissenschaftlich (und in den Ursachen) nicht Faßbares der Ungenauigkeit und Unverbindlichkeit verdächtig gemacht und wurden als subjektive Ästhetik verworfen, ihre Details nur wahrgenommen, wenn sich dafür ein evolutionärer Zweck aufweisen ließ.

Der Vorgang der Auflösung des Lebens in seine Bestandteile und Entwicklungsschritte und in deren materielle Ursachen war aber damit noch keineswegs beendet. Auf einer anderen Ebene der Lebenserscheinungen geschah dies alles noch einmal:

Wie die Gestalt ist auch das Verhalten eines Lebewesens ein Komplex von weit höherem Organisationsgrad als dem der Merkmale, für welche ein Gen als Ursache aufgerufen werden kann. Im Verhalten verbindet und verschränkt sich das Körperliche mit dem Willen und den Wünschen, der Zwang mit der

Freiheit, das Absichtliche mit dem Unabsichtlichen, das Angeborene mit dem Erlernten, und es verbinden sich Bewegungen zu Handlungen, Handlungen zu Abfolgen, Abfolgen zum Leben.

Da mit den Tieren nicht zu reden ist, hatte man sich lange damit begnügt, die Handlungen der Tiere nach menschlichen Mustern zu deuten, mit ein paar Abstrichen, des Verstandes wegen. Einleuchtend schien es da, daß man vor einem halben Jahrhundert begann, die fehlende Möglichkeit sprachlicher Kommunikation durch geistreiche Experimente und akribische Beobachtungen wettzumachen, die Lebewesen also zu Antworten auf die Fragen nach den Gründen ihres Verhaltens zu bringen. Pawlows berühmter Hund war eines der ersten Wesen, das eine solche Antwort gab, indem er beim Erklingen eines Glöckchens den Speichel produzierte, der dem nun zu erwartenden Essen galt.

Aber das war erst der Anfang. Was bald folgte, war eine wahre Springflut von Untersuchungsberichten, die ziemlich prompt auch zu populären Darstellungen verarbeitet und vom Publikum begeistert aufgenommen wurden. Sie hatten alle eines gemeinsam – und das entsprach genau der Methodik der übrigen biologischen Forschung: Das Zusammenhängende wurde, um es handhabbar zu machen, zuallererst in seine Teile zerlegt. Die Verhaltensweisen, verwickelt, miteinander verflochten, wurden aufgedröselt, bis schematisierbare Teilabläufe erkennbar wurden, die jeweils einzeln auf physiologische, körperliche Ursachen zurückgeführt werden konnten. Das Ziel war vor allem, herauszufinden, welche dieser Abläufe erlernt und welche, zumindest als Muster, ererbt sind.

Aus dem verständlichen Wunsch der Verhaltensforscher, mehr zu bieten als nur einen neuen Brehm mit einer neuen Art von Tierbeobachtungen, entstand mit beklemmender Geschwindigkeit ein Wust von unzureichend geprüften Modellen und schlecht definierten Begriffen, die vielfach schon ganze Theorien in sich bargen und von denen manche inzwischen nur noch antiquarischen Wert haben, wie jener von Konrad Lorenz postulierte Aggressionstrieb, der, wie alle verhaltenskundlichen Weisheiten und Irrtümer, sogleich in Empfehlungen zu biologisch richtigem Verhalten umgemünzt wurde. So galt es eine Zeitlang als ein Akt seelischer Hygiene, den unvermeidlichen Aggressionsstau dadurch zu neutralisieren, daß man einem Fußballspiel beiwohnte; die Hoffnung, dies könne Krieg vermeiden helfen, war aber schon abhandengekommen, bevor sich allzu deutlich zeigte, daß Fußballspiele doch wohl eher Aggressionen hervorrufen als abbauen helfen.

In einer Arbeit über das Brutverhalten von Silbermöwen vermerkte der niederländische Verhaltensforscher Gerard P. Baerends: die Methodik und auch wohl ein Teil der Ergebnisse seiner Beobachtungen an den Möwen seien gewiß auch auf das Schreibtischverhalten eines Institutsdirektors anwendbar.

Das mag wohl sein. Doch liegt eben hier, wo die Silbermöwe und der Direktor einander Guten Tag sagen, auch das Feld, auf dem die Verhaltensforscher, auf ihre Weise, den Prozeß der Zerstörung beförderten.

Zu Hilfe kamen ihnen dabei die Genetiker, die die Verbindung mit dem Souterrain, mit dem molekularen Bereich der Chemie des Lebens herstellten: Da sich bestimmte Teile und Muster des Verhaltens als offenkundig erblich erwiesen, und da man als Vehikel für die Vererbung von körperlichen Merkmalen die Gene dingfest gemacht hatte, zog man den Analogieschluß, auch die Verhaltensweisen seien jeweils Endeffekte biochemischer Codierung, seien in den Genen mit Hilfe der dafür zuständigen Substanzen programmiert.

Nur ganz unbestimmt kann man darüber orakeln, wie denn ein Verhaltensmuster in der Sprache der Gene oder der sie zusammensetzenden Nukleinsäuren eigentlich auszusehen hätte, wie also das Verhalten, der ganze Komplex aus unzähligen koordinierten Vorgängen, in der Sprache der Chemiker auszudrücken wäre. Aber die Analogie überzeugte, und sie hatte den großen Vorteil, daß damit auch für die neue Disziplin, auch für das bis dahin eher aus irgendeiner Art von unstofflichem Prinzip her bestimmt scheinende Verhalten der seinerzeit am

Anfang der Welt vorhanden gewesene Wasserstoff als Grund-
ursache auszuweisen war.

Denn wenn das Verhalten, wie die körperlichen Merkmale,
von den Genen bestimmt wird, dann unterliegt es auch, wie
diese, den Auswirkungen von Mutationen in den Genen. Eine
Verhaltensänderung käme demnach zustande, indem das dafür zuständige Gen mutiert und ein Lebewesen verursacht, das
sich auf bestimmte Weise anders verhält als seine Ahnen. Das
heißt auch: Im Genreservoir aller Lebewesen befinden sich
stets Reste des Genbestandes – also auch Verhaltens-Reste –
aller in der Evolution vorangegangenen Lebewesen, mithin im
Verhaltensrepertoire des Menschen auch Reste tierischer Verhaltensweisen.

Der Anschluß war perfekt, der Weg vom Wasserstoff zum
Schreibtischverhalten des Institutsdirektors trassiert, der Aus-
bau ist noch im Gange.

Arion subfuscus. Die Wegschnecke. *Die Paarung der kleinen
grauen Nacktschnecken geht folgendermaßen vor sich: Zwei
Schnecken begegnen einander bei einbrechender Dunkelheit,
wenn der Boden im Garten taufeucht wird. Zwei oder drei
Stunden lang kriechen sie langsam umeinander, wenden sich
wieder ab und gehen ein Stück Wegs allein, kriechen wieder
aufeinander zu, betasten sich mit den Fühlern, stülpen wie zur
Probe gelegentlich ihren in der Kopfgegend befindlichen Penis
aus – die Nacktschnecken sind Zwitter –, verharren zwischendurch vollkommen ruhig auf der Stelle, um dann von neuem,
auf ihrem Schleim gleitend, umeinanderzukreisen. Schließlich
aber, ohne erkennbaren Anlaß, fast ohne weitere Steigerung
als vielleicht der einer etwas beschleunigten Bewegung, richten
sich die beiden Schnecken aneinander auf, nur der Hinterleib
bleibt am Boden, die Leiber wickeln sich spiralig umeinander,
jeder der beiden nun ganz ausgestülpten glasigen Hörner bohrt
sich in die Geschlechtsöffnung des anderen Tieres, – und für
zwei oder drei Sekunden gerät nun dieser schmale spiralige
Turm aus zwei feuchten Schneckenkörpern in eine beinahe*

rasend zu nennende Bewegung und dreht sich mehrmals um seine Achse. Gleich darauf lösen sich die Leiber voneinander, beide Schnecken ziehen ihre Hörner ein und trennen sich, für immer, und beide suchen in einer anderen Richtung einen Platz, an dem sie ihre winzigen weißen Eikugeln ablegen.

Von Anfang an – und im Verlauf ihrer stürmischen Entwicklung immer mehr – befaßte sich die Verhaltensforschung nicht nur mit den Tieren, die sie beobachtete und deren Leben sie in Abläufe und die Abläufe in Teilmechanismen zerlegte, sondern auch mit der Anwendung ihrer Ermittlungsergebnisse auf den Menschen. Für ein unvoreingenommenes und freundschaftliches Verwandtschaftsverhältnis ist es aber keineswegs förderlich, wenn man sich dauernd vorrechnet, wer wem worin ähnlich ist oder nicht ähnlich ist. Wiederum geriet das, was als Teil eines »universalen Weltbildes« gedacht war, zur Zerstükkelung des Bildes einer Natur, deren innerer Zusammenhang nicht erst durch den Nachweis beglaubigt werden mußte, daß der Mantelpavian und der Brabantbuntbarsch sehr ähnliche Grußgesten benutzen, wenn sie ihresgleichen begegnen. Das Bild löst sich auf oder wird aufgelöst in ein höchst lückenhaftes Mosaik von Einzelelementen, die einander teils ähnlich, teils unähnlich sind. Was da als ein von der Evolution geknüpftes Band allumfassender Verwandtschaft beschrieben werden soll, ist in Wahrheit nichts als eine flackernde Reihe punktueller Übereinstimmungen, von denen manche possierlich und viele belanglos sind.

Seit einigen Jahren wird diese Verbindung von Verhaltensforschung und Evolutionslehre unter dem Markennamen »Soziobiologie« gehandelt. Der amerikanische Zoologe Edward O. Wilson erfand den Namen und formulierte am deutlichsten den Anspruch dieser Wissenschaft: eine Art Buchhaltung einzurichten, in der die biologischen Konstanten des Sozialverhaltens der Lebewesen als Kapital verbucht und der Einfluß der »kulturellen Evolution« des Menschen auf sein ererbtes biologisches Programm als Zugewinn gesondert ausgewiesen wird, – mit dem erklärten Ziel, die menschliche Ethik endlich zu »biologisieren« und eine vernünftige, an biologischen Festwerten orientierte Planung des sozialen Lebens in die Wege zu leiten.

Natürlich ist es nicht ohne Reiz, zu erfahren, daß das Inzestverbot triviale biologische Gründe hat, oder: daß auch die in den Pflasterritzen amerikanischer Großstädte siedelnden Ameisen Bandenkriege führen, oder: daß die Formen der Religionsausübung zu Zeiten von der Fleischknappheit mitgeprägt worden sind und daß der zwölfzackige Stichling zur Gleichgeschlechtlichkeit neigt, wenn es an Weibchen mangelt; auch erfährt man gern, daß die soziale Verhaltensweise des höflichen Lächelns beim Menschen und beim Klammeraffen zum Verwechseln ähnlich ist, aber da die Verwechslungsgefahr trotzdem gering bleibt, ist dieses Wissen für die Katz; die wiederum pflegt ihr Revier mit Hilfe von Urin zu markieren, und die Verhaltensforscher versichern uns, daß rudimentäre Formen solchen Brauchtums auch beim Menschen auszumachen seien – aber zur Gestaltung der sozialen Wirklichkeit vermag das alles wenig beizutragen.

Mit zunehmendem Umfang der einschlägigen Literatur verstärkt sich vielmehr der Verdacht, daß die stets von neuem lautwerdende Verheißung, hier sei außer vermischter zoologischer Aufklärung auch Anleitung zum richtigen Sozialverhalten zu haben, nicht einlösbar ist. Das Studium der Ähnlichkeiten und Verschiedenheiten zeigt zwar immer wieder, daß es beim Menschen ähnlich zugeht wie, beispielsweise, bei den Schmetterlingen, aber es zeigt auch, daß es immer ein bißchen anders zugeht.

Alle Bücher über Verhaltensforschung enthalten mindestens im Vor- oder Nachwort die Versicherung, die Aufdeckung der evolutionsgeschichtlichen Abhängigkeit, der Vergleich von Tier und Mensch, der Nachweis uralter Verhaltenselemente verschaffe Einsicht in das Wesen des Menschen; was wir sind, könnten wir erst so richtig wissen, wenn wir auch wissen, wie wir es geworden sind.

In Wahrheit ist man sich über die basalsten Bedürfnisse des Menschen noch nie so unklar gewesen wie heute, wo man ihre Herkunft unentwegt studiert. Und die Versprechungen aus den Vorworten zerrinnen im selben Augenblick, in dem man Ernst macht und ein einziges Faktum darauf untersucht, was es uns denn mitzuteilen habe: Da wird die festgestellte Entsprechung zum vagen, unverbindlichen Kuriosum. Das Erbe, welches da inventarisiert wird, steht nur auf dem Papier, die Währung gilt nicht mehr: Wie der Eiderenterich balzt, das ist, selbst wenn man Ähnlichkeiten konstatieren kann, für die Erkenntnis dessen, was der Mensch ist, so belanglos wie die Tatsache, daß eine Katze, wenn sie geworfen hat, die Nachgeburt zu verzehren pflegt.

So schrumpft denn auch zuletzt der Anspruch, hier seien Einsichten zu gewinnen, auf die eher kleinlaute Einlassung zusammen, es sei doch nützlich, wenigstens zu wissen, welche menschlichen Verhaltensweisen so unabänderlich seien, daß man den Versuch, sie zu modifizieren, erst gar nicht wagen sollte, um den Menschen nicht zu verbiegen und seinem Wesen Gewalt anzutun.

Aber da beginnen ja erst die Schwierigkeiten. Der von allen Wohlmeinenden beklagte Mißbrauch, welchen die französische Rechte mit den Forschungsergebnissen des Soziobiologen Edward O. Wilson betrieben hat (indem sie die ihr genehmen Verhaltensweisen als »natürlich« postulierte), mag zwar in der Tat nicht Wilson und den Soziobiologen anzurechnen sein, zeigt aber doch, wie leicht und schnell sich das, was ist, als das, was auch sein muß und bleiben muß, ausgeben läßt. Und die Behauptung, die Soziobiologie habe dem Marxismus den Todesstoß versetzt und seine Unhaltbarkeit erwiesen, stammt nicht von irgendeinem Epigonen, der Wilson überinterpretiert hätte, sondern von ihm selbst. Auch Nicht-Marxisten werden über diese Form von Schützenhilfe mit Platzpatronen nicht froh sein.

Die Soziobiologie, da sie das Soziale aus dem Biologischen abzuleiten versucht und auch die politische Nutzanwendung

wenigstens zwischen den Zeilen stehen hat, ist bis zur Existenz-
gefährdung bedroht von den eigenen Mißverständnissen und
von denen der Anhänger und Gegner einer biologistischen So-
zialkunde. Wer legt denn fest, was als unabänderliche oder als
nicht abänderungswürdige biologische Konstante zu gelten
hat? Wer ist denn der sachverständige Interpret für die ver-
haltensbiologischen Entdeckungen? Wer entscheidet (jenseits
des Gemeinplatzes, jenseits des Evidenten), ob eine Verhaltensweise durch kulturelle Verabredungen abgeändert werden darf
oder ob eine der Verhaltensbiologie widersprechende soziale
Verabredung die anthropologischen Grundfesten ins Wanken
bringt? Man wird ja fragen dürfen.

Die Ausdrucksformen und Verhaltensweisen des Menschen
werden, wenn man sie lange genug auf ihre »Ursprünge« hin
betrachtet, unweigerlich auf eindimensionale Verrichtungen
reduziert. Hofrat Behrens, Chefarzt auf dem Zauberberg, er-
läutert die histologischen Ursachen der Reize von Clawdia
Chauchat, und Hans Castorp, der Naive aus dem Flachland,
findet es auf eine unzüchtige Weise interessant.

Es ist wohl nicht ohne tiefere Bedeutung, daß all jene Bücher,
die uns die »Körpersprache« und den Sinn aller Gebärden samt
ihren evolutionären Ursprüngen verdolmetschen, ihre Popula-
rität und vielleicht überhaupt ihr Dasein nur dem verbreiteten
Wunsch verdanken, dem Mitmenschen auf die Schliche zu
kommen, seine »Mechanismen« zu enthüllen, ihn zu durch-
schauen, – meist nicht, um ihm besser gerecht zu werden, sondern um ihn zu ertappen oder zu übervorteilen.

Türkische Teppichhändler, so liest man in einem dieser Bücher, sollen imstande sein, aus einem unbewußten Pupillen-
signal zu schließen, ob ihr Kunde ein Warenstück besonders
gut findet oder ob es ihn nur mäßig reizt. Signale für Teppichhändler . . .

Aber sollen wir uns im Ernst nötigen lassen, unsere Territo-
rialbedürfnisse evolutionstheoretisch und soziobiologisch abzu-
sichern, statt sie aus der Vielfalt erlebter Bedingtheiten selb-
ständig zu entwickeln und zu beanspruchen – was immer die

Löwen oder die Singdrosseln von dieser Sache denken? Sollen wir im Ernst die evolutionsbiologischen Vorteile altruistischer Handlungen so lange studieren, bis wir auch demjenigen, der unser Kind aus der Donau zieht, auf den Kopf zu sagen, daß er ein Gefangener seiner biologischen Ursprünge ist, die ihm reziproken Altruismus vorschreiben? Sollen wir uns wirklich in die Posse vertiefen, die eine ganze Generation von Datenablesern (mit einem gloriosen Datenfälscher als Obmann) über den Intelligenzquotienten geschrieben hat, um ihr dann die schlichte Weisheit zu entnehmen (die schon den besseren Pädagogen des 18. Jahrhunderts geläufig war), daß ein Teil der geistigen Fähigkeiten oder Unfähigkeiten biologisch vorgegeben ist, daß es aber eben deshalb unfair wäre, irgendjemandem irgendeine Möglichkeit der Vervollkommnung vorzuenthalten, irgendjemanden dumm zu lassen, nur weil man meint, er wäre es von Natur aus? Bedarf die kulturelle Norm des Inzestverbots der Rechtfertigung durch die Erkenntnis, daß die Meidung der Inzucht evolutionstechnisch bedeutende Vorteile bietet, – oder sollte, umgekehrt, die Beobachtung, daß domestizierte Tiere zum Inzest neigen und damit schnelle züchterische Erfolge begünstigen, ein Anlaß sein, jene Norm als humanbiologisch sinnlos abzutun und für die Geschwisterehe zu plädieren? Ist es mehr als ein unverbindliches Aperçu, wenn man uns darüber belehrt, daß unser Vergnügen an gemeinsamen Mahlzeiten daher rührt, daß unsere Urahnen derart die Teilung und den gemeinschaftsstärkenden geselligen Verzehr ihrer Beute absolvierten?

Die Unsicherheit, was der Mensch sei und wie er sein solle, ist durch die Mitteilungen der Verhaltensforschung und der Soziobiologie eher vergrößert worden, und zugleich haben diese biologischen Wissenschaften durch die Auflösung des Lebens in sorgfältig freipräparierte Verhaltensfragmente und Kausalstränge an der fortschreitenden Partikularisierung der Natur mitgewirkt: Die Lebewesen werden gesehen als ein Konglomerat von Details, die sich am Rande des Evolutionsweges zusammengefunden haben, so zweckmäßig wie zufällig.

Das Prinzip der Zerlegung offenbart sich sehr deutlich, wenn der Soziobiologe Wilson verkündet, wir dürften nun »hoffen, mit mehr Einsicht darüber [entscheiden zu können], welche Elemente der menschlichen Natur wir zu pflegen haben, welche zu bekämpfen [und] an welchen wir uns freuen dürfen«.

Da taucht die düstere Vision von Soziobiologen auf, die unsereinen in seine Elemente zerlegen und diese nach besseren und schlechteren sortieren. Vor allem aber erhebt sich immer drängender die Frage, ob man denn wirklich wünschen sollte, daß *Biologen* dekretieren, was eigentlich »besser« und was »schlechter« ist. Es kann den, der davon Haarsträubendes befürchtet, nicht trösten, wenn Wilson gleich darauf noch weiter in die Zukunft blickt und versichert, wir könnten die biologischen Grundlagen unseres Verhaltens nicht »ausschalten . . ., bis unsere Nachkommen gelernt haben, die Gene selber zu verändern«.

Da springt die Katze kreischend aus dem Sack: Zuerst sagen uns die Biologen, an welchen unserer »Elemente« wir uns »freuen dürfen« und welche wir gefälligst in der Sammelstelle für biologischen Charakterschrott abzuliefern haben, – und dann sollen die Genetiker uns die für biologisch unerwünscht erklärten Eigenschaften schon vor der Geburt aus den Genen herausoperieren. Wer noch daran zweifelt, daß die Biologie in der Verwüstung des Lebens gipfeln wird, der mag sich hier, bei einem der am höchsten gepriesenen Biologen der Gegenwart, die Bestätigung dafür holen, daß das Ziel schon ziemlich genau definiert ist.

Freilich ist es bis zu solcher Praxis biologistischer Seelenherrschaft noch weit. Was die Theorie angeht, so stand, während Wilson und seine Soziobiologie schon florierten, der Höhepunkt der Zerstörung noch bevor. Ein eisiger Wind fuhr durch den Garten, daß die Amseln verstummten und die Lupinen sich duckten.

Es begab sich nämlich, daß der englische Zoologe Richard Dawkins den Gedanken von der Selbstorganisation der Ma-

41

terie nach physikalischen Gesetzen konsequent zu Ende dachte und auf den Begriff vom »Egoismus der Gene« brachte.

Bisher hatte die Lehre von den Genen als den Organisatoren des Lebendigen immer noch, gewissermaßen zwischen den Zeilen, Raum für die Ahnung oder Vermutung gelassen, daß das so entstandene Leben, wiewohl doch nur vom Wasserstoff abstammend und physikalisch bis auf die Knochen, gewissermaßen die Hauptsache sei. Die neue Lehre vom Egoismus der Gene aber besagt, daß nicht die Gene dazu da sind, den Lebewesen das Leben zu ermöglichen, daß vielmehr die Lebewesen dazu dienen, die Existenz der Gene zu sichern. Die egoistischen Gene veranlassen die Materie, sich nach der genetischen Rezeptur zu organisieren und, als Organismen, alles zu tun, was der Erhaltung und Verbreitung des jeweiligen Gens dienlich ist.

Wenn man also bisher die Sache so angesehen hatte, daß die Fledermaus sich der Gene bediente, um leben zu können, so heißt es jetzt, daß der Gen-Satz der Fledermaus sich der Fledermaus bedient, um weitertransportiert, erhalten und womöglich verbessert zu werden. Richard Dawkins erklärte die Lebewesen schlichtweg zu Überlebensapparaten, welche die Gene sich bauen, um ihre eigene Vervielfältigung zu gewährleisten.

Die ganze Welt mit Hunden und Katzen, mit Misteln und Lupinen, mit Bäumen, Bisamratten und Menschen wäre demnach nichts anderes als ein großes Schauboxen, von den Leibeigenen der Gene in der Beletage dargeboten, während die Gene selbst im Souterrain sitzen und sich ins Fäustchen lachen, daß sie jemanden gefunden haben, der für sie den Existenzkampf führt.

Die Mannigfaltigkeit des verwirklichten Lebens wird zur Nebensache, die Regeln seines Funktionierens werden zur Hauptsache erklärt. Es ist der Sieg des Fahrplans über die Eisenbahn, die fortan nur noch fährt, um die Existenz des Fahrplans zu rechtfertigen und ihm immerwährende Gültigkeit zu verleihen.

*

Auflösung der Organismen in ihre Bestandteile und Funktionen, Auftrennung ihrer Körperlichkeit bis ins letzte physikalische Detail, Vereinzelung ihres Daseins in Verhaltensmuster und Reaktionsmechanismen, Zerfall der Gestalten in Bruchstücke, Umdeutung der in jedem Augenblick neu gegebenen Gleichzeitigkeit der Natur in ein Nebeneinander zahlloser entwicklungsgeschichtlicher Abläufe und diese aus nichts als der Erfüllung physiologischer Zwecke bestehend, schließlich die letzte Auflösung durch den Nachweis, daß die Natur nur eine große Scheinbarkeit und der Chemismus der Gene der eigentliche Inhalt der Welt ist, – ein Jahrhundert Biologie . . .

Dies alles hatte Folgen.

Mit der Zerstückelung und den daraus gewonnenen Informationen wuchs das Selbstgefühl vom Recht zur Zerstückelung, mit der Schematisierung der historischen Abläufe wuchs die Überzeugung von der Verfügbarkeit der Lebewesen, die ja doch nur Muster ohne Wert waren, mit der Aufklärung der molekularbiologischen Zusammenhänge im Innern der Zelle wuchs die Entfernung zu den Inhabern dieser Zellen – was am anschaulichsten im modernen Biologieunterricht zum Ausdruck kommt, in dem die Gesetze der Genetik auf Hochschulniveau kolportiert werden, während man die Organismen, innerhalb deren sie sich vollziehen, fast aus den Augen verloren hat und bestenfalls in der Unterstufe behandelt. Die Lehre von der Suprematie der Gene stärkte schließlich – als äußerste Verdinglichung des Lebens – die Zuversicht, man dürfe und könne mit Nutzen und nach Gutdünken daran herumbosseln.

Die Folge von alldem war, daß der Garten der Welt der Verwüstung anheimfiel, zuerst schleichend und kaum sichtbar, dann mit immer deutlicher werdenden Spuren der rücksichtslosen Nutzung und Auspowerung. Die Bewirtschaftung des Landes, zunehmend nach wissenschaftlichen Gesichtspunkten verübt und mit den jeweiligen biologischen Erkenntnissen stets gleichauf liegend, führte zur Bildung von Produktionswüsten. Die wissenschaftlich vorbereitete Verdinglichung der Lebewesen machte sie immer mehr zu bloßen Warenstücken, die

43

nicht mehr wuchsen und reiften, also entstanden, sondern hergestellt wurden.

Das Unverkäufliche erfreute sich, soweit es sich durch ein angenehmes Äußeres auszeichnete, der mehr oder weniger kunstvollen und künstlichen Hege; soweit es unauffällig oder gar lästig war, verfiel es der Ausrottung, der Vernichtung.

Dies alles ereignete sich im einträglichen Zusammenhang mit einer Industrialisierung, die auch sonst keine Gelegenheit ausließ, das Inventar des Gartens zu demolieren und zu verheizen. Daß es in zehn oder zwanzig Jahren nur noch die kümmerlichsten Reste einst riesiger Tropenwälder geben wird, daß dort innerhalb einer einzigen Menschengeneration Abertausende von nie gesehenen Tier- und Pflanzenarten vernichtet werden – das ist nur einer der letzten und durch seine barbarische Geschwindigkeit besonders eindrucksvolle Abschnitt einer Orgie der Verheerung, die als Geburtsakt einer besseren Welt gefeiert worden ist und immer noch gefeiert wird.

Xanthoria parietina. Die Gelbflechte. *Dunkelgelbe, rundlich begrenzte krustige Flecken von der Größe eines Fünfmarkstücks auf einem alten Mauerrest, der, wer weiß wie, in den Garten gekommen ist. Der äußere Rand der Flecken ist heller, es ist der jüngste Teil der Gelbflechte, die am Rande Jahr für Jahr um Millimeter weiterwächst – aber nur, wenn die Luft einigermaßen rein ist. Wo Schwefeldioxid und andere Ausdünstungen menschlichen Gewerbefleißes als sichtbare und unsichtbare Schwaden durch die Luft ziehen, da trocknet sie ein und wird mit den Jahren zersetzt und abgewaschen. Denn Flechten sind hochempfindliche symbiontische Wesen aus Pilzfäden und einzelligen Algen. Die Algen ernähren den Pilz, in dessen Fadengeflecht sie hausen, mit einem Teil der von ihnen gebildeten Stoffwechselprodukte; wie der Pilz sie dazu veranlaßt, etwas von dem abzugeben, was sie, alleinlebend, für sich behalten würden, das ist so gut wie ungeklärt, und jeder ursächlichen Deutung entzieht sich auch der Umstand, daß der Pilz, der ohne Algen zwar existieren kann (wie diese ohne ihn), aber*

dann ganz anders aussieht, in dem Augenblick, da er auf die
»richtige« Algenart stößt und sie mit seinen Fäden einwickelt,
eine völlig neue und bei aller Einfachheit höchst merkwürdige
Gestalt annehmen kann – der Pilz, mit einer Alge vergesell-
schaftet, vollbringt eine Verwandlung, wie sie sonst kein Lebe-
wesen je zu vollbringen imstande ist.

Viele dieser eigentümlichen Flechtenwesen sind ausgestorben
oder dem Aussterben nahe. Sie vertragen extreme Trockenheit
und Hitze, aber erliegen sogleich den Abgasen von Verkehr und
Industrie. »Flechtenwüsten« nennt man inzwischen die großen
Ballungsgebiete, in denen nur noch ein paar Arten überdauern
von den zweitausend, die früher allein in Deutschland ange-
troffen werden konnten.

Um das Publikum trotz fortschreitender Verwüstung bei Stim-
mung zu halten, sind viele Wissenschaftler, mit den besten Absichten, in Reparaturtrupps unterwegs, sie flicken hie und da,
preisen den Fortschritt, der nur die Ausbesserung der Schäden
bedeutet, die der Fortschritt von gestern angerichtet hat und
versprechen beharrlich den Beginn des Paradieses für späte-
stens übermorgen. Genetische Wunder werden an die Wand
gemalt. Man verheißt die Erzeugung neuer Medikamente,
während man zugleich auch neue Ursachen für Krankheiten
erzeugt, und man verspricht, neue Nahrungspflanzen zu erschaffen, während zugleich der Verzehr herkömmlichen Salats
immer riskanter wird. Und man schwärmt davon, daß die Bakterien die Rohstoffgewinnung revolutionieren werden, während man zugleich immer deutlicher erkennen muß, daß eben
die auf der Nutzung dieser Rohstoffe beruhenden Machenschaften die große Zerstörung herbeiführen.

Seit sichtbar geworden ist, daß man den Zerfall durch Punkt-
schweißungen nicht aufhalten kann, sondern das Ganze in Betracht ziehen muß, läuft ein großer Teil der Reparaturarbeiten unter dem Begriff der Ökologie, also: des Zusammenhangs
zwischen allen Lebewesen und Stoffen dieser Welt. Ökologisches Denken soll diese Zusammenhänge sichtbar machen. Der

Computer, natürlich, soll dabei helfen, die ungeheure Kompliziertheit des sogenannten »Systems« der Ökosphäre rechnerisch zu erfassen.

Noch einmal wiederholt sich hier, in einer kybernetischen Biologie, der Vorgang der Sonderung und Vereinzelung – und wiederum unter dem Etikett der großen Synthese. Es werden Einzeldaten erhoben und gespeichert, Kausalzusammenhänge registriert, mit allen möglichen Verzweigungen, Rückkopplungen und dem ganzen Repertoire der Systemanalyse.

Nur: das Ergebnis, also das Abbild des Systems, ist nicht besser als die Datenkenntnisse der Programmierer, und die sind lückenhaft bis dorthinaus. Oft sind es gerade die heikelsten ökologischen Verflechtungen, die sich den Blicken der Systemanalytiker entziehen; woraus zwingend folgt, daß ein im Sinne der Ökologie angemessenes Verhalten sich weniger an unseren fadenscheinigen Detailkenntnissen zu orientieren hätte, viel mehr hingegen an unseren Unkenntnissen; da ließe sich der gröbste Unfug, zu dem die Kenntnisse mißbraucht werden, vielleicht verhindern. Wenn aber einer von den Biokybernetikern vor einiger Zeit schrieb, die Welt sei einer Firma vergleichbar, die in vier Milliarden Jahren nicht pleite gemacht hat, dann wird schon aus solcher Betrachtungsweise klar, daß die Abwendung der Pleite am wenigsten für den Fall erwartet werden darf, daß die Biokybernetiker den Aufsichtsrat eines Unternehmens bilden, welches auch sie offenbar immer noch für ein kaufmännisches halten.

Diese Computerökologen werden uns noch manches als unbedenklich und wünschenswert und wissenschaftlich geprüft andienen, was dann doch nur an irgendeinem ganz unvorhergesehenen Punkt das nächste Desaster verursacht. Alle Wissenschaft, zuletzt nun auch die der Ökologie, zerlegt, was sie doch als ein Unzerlegtes vor Augen liegen hat, und setzt es dann wieder zusammen, oder: sie versucht es, und wenn der Wecker wieder tickt, glaubt sie, das große Kunststück sei gelungen, aber was da tickt, ist dann eben nicht ein gewöhnlicher Wecker, sondern das Zählwerk einer Zeitbombe.

Der Garten ist keine Idylle, in welcher die Biochemie oder die Kausalität oder die Evolution außer Kraft gesetzt wären. Aber im Garten, angesichts der Wirklichkeit von Lebewesen, wird offenkundig, wie weit sich jenes biologische Wissen von dem Leben entfernt hat, das es zu beschreiben und zu erklären trachtet.

Es hat seine Elemente aufgespürt und freigelegt, das ist wahr, und es hat durch die so gewonnenen Auskünfte in beklagenswertem Maße dazu beigetragen, daß während der jüngsten zivilisatorischen Episode menschlicher Entwicklung ein Naturverbrauch von gewaltigem Ausmaß stattfinden konnte; es hat die Produktion von Bakterien ermöglicht, welche das Oberste Gericht der Vereinigten Staaten von Amerika als patentfähig erklärt hat – und das ist in einer durch und durch kommerzialisierten Epoche ein so unbezweifelbares Dokument des Erfolges, daß nur eine Minderheit es als grotesk empfand, die Natur selber mit einer Patentnummer beklebt sehen zu müssen.

Mit Verständnis hat das alles so gut wie nichts zu tun. Verständnis, wenn es denn überhaupt zu erlangen ist und nicht vielmehr immer nur im Bereich der Ahnung bleiben muß, ist das Verständnis des Ungeteilten, man erfährt es nicht aus der Geschichte seiner Einzelteile, nicht aus den Ursachen seiner Teilfunktionen, nicht aus der Auflistung seiner physikalischen und chemischen Mechanismen und nicht aus einer ökologischen Buchführung.

Denn all diese sorgfältig nach Zuständigkeiten getrennte Vereinzelung endet genau dort, wo sie begann: bei der Unerklärbarkeit. Die Lebensmechanismen der Zelle, wenn man sie nur weit genug zurückverfolgt, werden um so unbegreiflicher, je weiter man ins Detail vordringt und sehen muß, wie in dem winzigen Raum einer Zelle Tausende von chemischen Reaktionen mit äußerster Schnelligkeit und Präzision unmittelbar nebeneinander ablaufen, die sich eigentlich fortwährend in die Quere kommen müßten.

Die Mechanismen der Evolution werden um so unbegreiflicher, je näher man hinsieht und je genauer man wissen will, wie denn nach einem solch schlichten Schema die Widerhaken und Seitenrinnen in den Kristallpfeilen der Xanthosoma entstehen konnten.

Die Geschichte der Welt, zurückverfolgt bis zum Urknall, endet eben dort auch wieder beim Unbegreiflichen.

Die Kategorien der Gestalt, des Verhaltens und des ökologischen Lebenszusammenhangs bleiben unbegreiflich, auch wenn man sie in formale und kausale Elemente zerlegt. Das Muster des Gewebes erschließt sich nicht dem, der die Fäden unters Mikroskop legt.

Der Versuch der Erklärung, was immer er zwischendurch an Informationen erbracht haben mag, ist an keinem Punkt der Linie vom Wasserstoff zum Menschen je wirklich gelungen. Der Garten ist verwüstet, die Wege sind zertrampelt, die Reste des Inventars werden gerade verheizt – aber das Rätsel des Gartens bleibt ein Rätsel. Ob noch einmal ein Garten daraus wird oder ob sein Ende schon begonnen hat, hängt von nichts anderem ab als davon: daß wieder Gärtner kommen, die den Garten unbegreiflich finden.

Annäherung
an den Salbei

Salvia officinalis, der Echte Salbei: Die jungen Triebe, in Mehl gewälzt und in heißer Butter ausgebacken, bis sie kroß werden und auf der Zunge zerbröckeln, sind eine treffliche Vorspeise, die mit sanfter Bitterkeit den Appetit anregt. Im Tee aus getrockneten Salbeiblättern erscheint diese Bitterkeit isoliert und gesteigert, Kindern ein Greuel (die heilende und verwandelnde Kraft der Bitterkeit entdecken sie erst später).

Der Geschmack des Salbei ist ein Teil seiner Physiognomie, und zwar nicht als Bruchteil, sondern als ein Teil, in dem auch das Ganze enthalten ist. Was man erschmeckt, das erkennt man, und was man ißt, das verleibt man sich ein: Das Schmekken ist eine Weise des Kennenlernens, weniger in der Wissenschaft als im gemeinen Leben, wo man sagt, etwas schmecke nach Verrat oder seine Worte hätten den Beigeschmack nach Ausreden. Bis in die Tiefen magischer Weltsicht reicht die Vorstellung, daß man sich durch Essen etwas vom Feind oder vom Gott anzueignen vermag.

Einer Sache auf den Geschmack kommen, das will sagen: ihr Wesen wahrnehmen und schätzen lernen. Indem man dem Salbei auf den Geschmack kommt, hat man ihn ergriffen. Ähnlich verhält es sich mit dem Duft. Duft und Geschmack sind in Worten kaum andeutungsweise mitzuteilen, es gibt nur vage Bezeichnungen wie bitter, würzig, herb, süß, lieblich, – im ganzen ein mageres Vokabular angesichts der Überfülle möglicher Duft- und Geschmacks-Erlebnisse; doch ist die Namenlosigkeit ein genaues Zeichen für eben diese Fülle: Es gibt so viele Düfte, wie es duftende Stoffe und Wesen gibt. Mit Worten lassen sich da nur Richtungen angeben und große Gruppen ausgliedern. Zudem sind Duft und Geschmack umfassende, andere Sinne

49

50

mit berührende Erlebnisse, die sehr tief reichen und sich deshalb der Festlegung und Beschreibung entziehen, eher an ungewisse Erinnerungen geknüpft als an Begriffe, eher an Situationen und Umstände als an Benennungen. Im Duft kann Verlorenes wiederkehren, das mit Worten nicht mehr zu beschwören ist.

Über die ganze Salbeipflanze sind Drüsenhaare verteilt. In der Scheitelzelle dieser Haare bilden sich ölige Sekrete, die Zelle schwillt an, bis sie platzt oder durch eine Berührung verletzt wird: Dann hüllt der Salbei sich in den zarten Schleier seines würzigen Duftes.

Natürlich wissen die Biochemiker, welche Stoffe in dem Sekret enthalten sind und, in ihrer Gesamtheit, den Duft und den Geschmack des Salbei verursachen: Ätherische Öle, darunter das Thujon; Gerbstoffe, Bitterstoffe und Harze in einer wechselnden, gleichwohl immer genau das Salbeihafte bewahrenden Zusammensetzung. Während bei der Parfumherstellung schon winzige Abweichungen von der Rezeptur einen völlig neuen Duft entstehen lassen, ändern sich Pflanzendüfte selbst bei großen Schwankungen der Anteile einzelner Stoffe nur innerhalb enger Grenzen, sie bleiben immer charakteristisch für die Art.

Die Chemie des Salbeiduftes sagt nichts über diesen selbst. Die Duftgestalt, die da in die Erscheinung tritt, ist etwas völlig Neues und Einzigartiges – für den Duftsinn genauso eine wirkliche Gestalt wie für das Auge die äußere Gestalt der Salbeipflanze, und ebenso wie diese ein Ereignis, das etwas prinzipiell anderes ist als die Elemente, aus denen es besteht. Das Wort, daß ein Ganzes mehr ist als die Summe seiner Teile, ist so abgewetzt, daß man es oft zu schnell und zu platt versteht, so als gehe es nur darum, das Auftreten neuer »Systemeigenschaften« zu konstatieren; wichtiger als diese aber ist es, daß bei einer solchen Neufügung ein bis dahin nicht vorhandenes Wesen entsteht, das auf der Ebene der mit ihm verwandten Wesen eine gewissermaßen individuelle Einzigartigkeit darstellt, vergleichbar mit anderen, aber unvergleichlich in seiner Singularität.

51

Aromatische und gute Düfte sind unter den Lippenblütlern, zu denen der Salbei gehört, sehr häufig. Viele unserer schönsten Gewürzpflanzen gehören zu dieser Sippe: Majoran und Thymian, Zitronenmelisse, Lavendel, die unglaublich verschiedenen Arten von Minzen (eine davon duftet mehr nach Äpfeln als nach Pfefferminz), Rosmarin, Ysop und Bohnenkraut, – jeder Duft deutlich anders, jeder aber auf seine Weise erfrischend und erwärmend, am hellsten der der Zitronenmelisse, am dunkelsten der des Ysop: Nur mit solchen allgemeinen oder synästhetischen Begriffen lassen sich Düfte beschreiben.

Den Düften und Gerüchen der Pflanzen werden meist irgendwelche nützlichen Wirkungen im Naturzusammenhang zugeschrieben, und wenn man einen solchen Nutzen ermittelt hat, neigt man dazu, ihn kurzerhand zum »Zweck« zu erklären – worin die Behauptung enthalten ist, der nützliche Duftstoff habe sich im Laufe der Evolution zur Erfüllung eben dieses Zweckes herausgebildet. In Wahrheit wissen wir, gemessen an der Fülle der Erscheinungen, verzweifelt wenig über diese Zwischen- oder Endstufen des Stoffwechsels der Pflanze, viel zu wenig, um mit solcher Kühnheit Zweck-Kausalitäten postulieren und etwa behaupten zu können, die Gerb- und Bitterstoffe des Salbei seien ein Abwehrmittel gegen Tierfraß – was die beliebte »Erklärung« für jederlei pflanzliche Bitterkeit ist. Nicht jeder nachweisbare Nutzen läßt sich ohne weiteres als Zweck deklarieren, denn der eigentliche physiologische oder ökologische Sinn der nützlichen Eigenschaft ist möglicherweise ein ganz anderer, als der Nutzen, der uns zufällig ins Auge sticht.

Im Gesamtzusammenhang eines Lebewesens hat jedes Teil (anders als das Rädchen eines Uhrwerks) viele verschiedene Funktionen und kann nicht auf einen einzelnen Zweck reduziert werden, weil es in viele miteinander verschränkte Zusammenhänge eingebunden ist. Je fester man den Blick an die einzelnen Zwecke und Funktionen heftet, um so mehr verschwimmt das Bild der Gestalt, in der all dies zu einem Ganzen verschmolzen ist. Abseits also von Funktionsanalysen gilt es, das Wesen der Pflanze in ihrer Eigenart wahrzunehmen, abgelöst auch von jenen »Erklärungen«, die die Weise des Werdens betreffen: als Repräsentant einer Art und nicht als Endergebnis eines Prozesses, der sich in dunklen Tiefen der Zeit verliert und dessen Aufhellung, so sie gelingt, ihn nicht wieder vergegenwärtigen, das heißt: für das anschauende Erleben wirksam machen kann.

Der Anspruch, man habe die Weise des Werdens aufgeklärt, hat die Perspektiven verschoben und die Behauptung möglich gemacht, das Gewordene sei überhaupt nur aus dem Werden zu verstehen. Da schiebt sich die Erklärung vor die Erscheinung. Das ureigene Recht der einmaligen Erscheinung wird geschmälert, indem man die Teile, die sich als evolutionäre Prozeßergebnisse deuten lassen, von den Teilen scheidet, deren jeweils einzelne Entstehungsgründe man erst noch, bei Gelegenheit, zu ermitteln hofft.

Da wird dann kaum noch wahrgenommen, geschweige denn ernstgenommen, daß sich auf einer Ebene, die weit über allen partikulären Ursachen liegt, ein Wesen eigenen Rechts darbietet. Der Salbei ist der Salbei, und was er ist, ist etwas fundamental anderes als die Gesamtheit der Anpassungen, die er im Detail geleistet hat, mehr als die Gesamtheit der Zwecke, denen seine anatomischen und physiologischen Einrichtungen dienen. Schon in seinem Duft gibt er sich, unverwechselbar, als einmaliges Ereignis zu erkennen, das nicht aufgeteilt und nicht auf irgend etwas anderes zurückgeführt werden kann.

Duft und Wärme sind eng miteinander verknüpft. Der Duft ist das Ergebnis eines Verdunstungsvorgangs und bedarf deshalb der Wärme: Duft heißt, daß Materie unter der Wirkung von Wärme in molekulare Partikel zerstiebt. Umgekehrt erwecken Düfte die Empfindung der Wärme. Wenn man einem Duft eine Temperatur zuweisen müßte, würde man ihn meist als warmen Hauch bezeichnen; selbst die »hellen« Düfte sind nicht kühl zu nennen.

Die ätherischen Öle und die Harze, die in feinster Verteilung und Vermischung solche Düfte zugleich erwecken und repräsentieren, sind materialisierte Wärme. Zu ihrer Synthetisierung hat der Pflanzenkörper Energie aufgenommen und sie in Ölen und Harzen festgelegt. Vielleicht ist dies sogar eine Form der Abwehr: die Hitze wird unschädlich gemacht, indem sie aufgeschluckt, verbraucht und damit ihrer versengenden Kraft beraubt wird, – aber die Frage, *warum* der Salbei die Sonnenwärme in Öl umwandelt, wird bedeutungslos gegenüber dem Phänomen, *daß* er es tut, daß er also überhaupt die Transformation der Wärmeenergie in solche, der Wärme selbst merkwürdig ähnliche und leicht wieder in sie zurückzuverwandelnde Stoffe zu vollziehen vermag. An Verdichtung ist hier zu denken, und das Zerstieben der verdichteten Wärme im Duft ist dementsprechend nichts anderes als die Lösung einer (freilich nicht mechanisch zu denkenden) Spannung. Die Wärme jener mediterranen Kalklandschaften, in denen der Salbei zu Hause ist, verdichtet sich in ihm zu Stoffen, die wiederum als Duftstrom in die Wärme zurückfließen und sich mit ihr vermengen – eine Vereinigung an den äußersten Grenzen der Materie, nahe am Bereich des gar nicht mehr Faßbaren.

Der Salbei ist derart auf sein Duftwesen konzentriert, daß das Wässerige fast entwichen zu sein scheint: Der Stengel führt wenig Saft, er ist von einem weißen trockenen Markgewebe erfüllt, und auch die Blätter fühlen sich, wenn man sie reibt, nicht saftig an, sondern lederig. Blätter und Stengel sind dicht mit einem hauchfeinen Pelz filziger Haare überzogen, die das Grün des Pflanzengewebes zum Weißlichen hin brechen. (Ganz im Gegensatz dazu steht unser heimischer Wiesensalbei, eine verwandte, aber doch völlig andere Gestalt, mit tiefgrünen lappigen Blättern, saftig, aber nur von schwachem Duft.)
Der Salbei-Stengel ist, wie bei den meisten Lippenblütlern, vierkantig. An den Kanten schimmert er, zum Herbst hin, violett; auch die Blattstiele und manchmal die Adern an der Unterseite der Blätter sind dann violett überlaufen. Die Fär-

bung rührt von den Anthocyanen her, die allgegenwärtig, aber gewöhnlich vom Grün des Chlorophyll überdeckt sind; wo ihr Violett sichtbar wird, haben meist Prozesse des Verwelkens oder der Verfestigung stattgefunden, das Krautige ist dem Trockenen gewichen, das Blattgrün hat sich zurückgezogen. Verwelken und Verholzen bedeuten Schritte in die Richtung des Absterbens, aber im Abgestorbenen ist ja (wie in den gleichfalls leblosen Ölen und Harzen) Energie gespeichert, die sich wieder verwandeln kann, in Wärme oder in neues Leben. Beim Salbei deutet das Violett die Zeichnung eines Gerüstes an, eine Verfestigung für die Ölbehältnisse, in denen sich Duft und Feuer des Salbei sammeln.

Hier gilt es wieder, nicht zu lange auf die anatomische Zweckmäßigkeit zu starren, die sich da abzeichnet, sondern die ganze Gestalt im Auge zu behalten, die bergende und festigende Struktur also eher als Gleichnis zu nehmen. Für die Physiognomie ist es von untergeordneter Bedeutung, welchen Zwecken die Details der Erscheinung dienen. Wenn wir einen Menschen betrachten und ihn zu ergründen suchen, fragen wir ja auch nicht, ob seine Nase zum Riechen taugt und registrieren nicht, daß er mit den Ohren hört, – sondern wir nehmen sein Bild auf und deuten es, in ganz anderen Kategorien, als den sichtbaren Ausdruck eines inneren Wesens. So gehört zur Starrheit des Salbei die als Violett sichtbare Versteifung bestimmter Gestaltelemente, und der Hinweise auf mechanische Sachverhalte ist eine Bestätigung, nicht eine Erklärung dafür. Die Gestalt bedarf keiner Erklärung und kann auch keine finden.

Der Salbei ist gewissermaßen der Laubbaum unter den Lippenblütlern, mit ausgeprägter Verholzung, aber weichen, freilich gegenüber den ganz krautigen Lippenblütlern schon verschmälerten Blättern; Rosmarin und Lavendel sind die Nadelbäume, ihre Blätter sind lineal-lanzettlich, nur wenige Millimeter breit. Zum Baumwesen des Salbei gehört, daß die Blätter alle gleich sind, höchstens nach oben hin etwas kleiner werden; sie machen zur Blütenregion hin keine Metamorphose durch, wechseln nicht die Gestalt wie die Blätter vieler krautiger Pflanzen. Schon der Salbeisämling kommt wie ein kleiner Baum aus der Erde, starr und mit ziemlich großen Blättern, dann aufrecht und bestimmt in die Höhe wachsend. Gekreuzt gegenständig sitzen an dem vierkantigen Stengel die Seitenäste, die wiederum gekreuzt gegenständige Seitenäste treiben: Festigkeit als Einhaltung einer fast rechtwinkligen zweizähligen Ordnung, die sich erst in der strauchigen Durchdringung der Triebe lockert und dann auflöst im rundlichen Busch, dessen Erscheinung schließlich mehr von den weichen Blättern als von den starren Trieben geprägt ist.

Dem Gegensatz von starr und weich entspricht die Art der Heilwirkung des Salbei, auch sie eine Verbindung von Strenge und Sanftheit: Mildernd wirkt der Tee auf rauhen und entzündeten Hals, auf harten Husten, zusammenziehend und festigend hingegen auf entzündliche Schwellungen und auf Drüsenabsonderungen: Übermäßige Schweiß- und Milchbildung wird vom Salbei in geordnete Bahnen gelenkt.

Wo der Salbei den Winter aushält (und dabei sogar einen Teil seiner Blätter behält), verholzen die Haupt- und Nebenäste. Beim ersten Hinsehen könnte man meinen, mit dieser Verholzung sei es nicht weit her, hier probiere ein Kraut nur die Verkleidung des Baumes mit verdickten Stengeln und papierdünnen, abschilfernden Rindenschichten in sanften Brauntönen. Wenn man aber versucht, einen älteren Salbei-Ast abzubrechen, erweist sich seine verblüffende Festigkeit. Das Holz ist dicht und gleichmäßig hart, alles Krautige scheint vergessen, deutlich sind auch die Jahresringe zu sehen.

In zweifacher Hinsicht aber erinnert sich der Salbei seines Kraut-Wesens: Aus dem jahrealten Stamm sprießen an den Verzweigungsstellen dicht beieinander wieder und wieder neue, meist freilich nur kümmerlich weiterwachsende Ansätze zu neuen Seitentrieben; sie bestehen aus einem wenige Millimeter langen Stengelstück mit zwei winzigen Blättern, und was da, mühevoll und unzulänglich, durch das harte Holz dringt, fällt auch sogleich selber der Verhärtung anheim: Die kurzen Stengel verholzen schnell und sterben dann ab. Die kugelige Häufung dieser pustelförmigen abgestorbenen Ansätze erweckt den Eindruck einer gallenartigen Wucherung, wie sie bei manchen Pflanzen durch Insekten oder andere niedere Tiere hervorgerufen werden kann. Solche Gallen sind tatsächlich ein Spiegelbild der holzigen Pustelkugeln des Salbei: Während bei diesen das Krautige unmittelbar aus dem Holz entspringt, sind die meisten Gallen kugelige Verholzungen, die übergangslos aus den krautigen Teilen hervorgehen. In beiden Fällen entstehen ganz neue – einander ähnliche – Gestalten: die Kugelform als Manifestation allseitiger Durchdringung zweier gegensätzlicher Prinzipien.

Die andere Erinnerung an das Krautige im Holz des Salbei sind die Jahresringe. Ihr Zuwachs ist nämlich selten rundum gleich, vielmehr meist exzentrisch um den Markkanal liegend und auf der lichtzugewandten Seite mehrfach breiter als auf der Schattenseite. Das heißt, daß der Salbei, anders als ein Baum, im Dickenwachstum seines Stammes und seiner Äste abhängig bleibt vom Licht.

Die größte Überraschung beim Holz des Salbei ist der Gegensatz zwischen Festigkeit und Leichtigkeit: Einen Salbeiast von der Länge und Dicke eines Bleistifts kann man nicht mit zwei Händen zerbrechen – dabei ist er aber fast so leicht wie ein gleich großes Stück Kork. Solche Wahrnehmungen fügen, Stück für Stück, dem Bild des Salbei jeweils einen neuen Zug hinzu. Jeder Gegensatz und jede Entsprechung ist zugleich die Manifestation eines Lebensprinzips, einer Gebärde oder Möglichkeit des Lebens, das in Analogien und Antinomien immer neue Fügungen und Erscheinungsformen verwirklicht.

Unvermittelt sprießen aus den Achseln der Seitenäste des Salbeistrauchs die Blütenstände, hochgereckte Ähren aus übereinanderstehenden Scheinquirlen, die den grünweißlichen Busch überragen. Im zarten Violett dieser Blüten entmaterialisiert sich die Pflanze, sie vereinigt sich mit dem Äther, verströmt in das Element der Luft, verwandelt sich in den materiell nicht mehr faßbaren Seinszustand des Leuchtens einer Farbe – und das, was keinerlei Raumgestalt mehr hat – Duft und Farbe – teilt sich um so gleichmäßiger dem ganzen Raum mit, als Mitteilung an die Luftwesen, Signal für die Insekten, die die Bestäubung vollziehen, indem sie sich aus der Blüte ihre Nahrung holen.

Es liegt nahe, diese Verbindung weit auseinanderliegender Verrichtungen ganz unterschiedlicher Lebewesen nur unter dem Aspekt der Zweckmäßigkeit zu sehen: Hilfeleistung und Belohnung, gegenseitige Nutznießung (oder heimliche Ausbeutung, wenn Nektarräuber den Blütenschlund nicht von vorn betreten, sondern sich an seinem Ende von außen ohne die Gegenleistung der Bestäubung bedienen, indem sie das Blütenblatt an genau der Stelle durchbeißen, wo sie den Nektar wissen). Ahnungslos vollziehen die Bienen und Hummeln das Werk der Befruchtung, indem sie das Angebot der Nektarnahrung wahrnehmen. Die Verknüpfung zweier so inkommensurabler Vorgänge – Fortpflanzung des Salbei und Ernährung der Hummel – ist aber nicht nur ein erstaunliches Zusammenspiel innerhalb des Naturganzen, sondern enthält auch ein Element hintergründiger Heiterkeit: Es ist, als ob man den Briefträgern heimlich Besen anbindet, damit sie zugleich die Gehsteige kehren.

Blüte und Insekt repräsentieren zwei verschiedene Weisen der Angleichung an das Element der Luft: Die Pflanze tritt mit einem Teil ihrer selbst in die Luft über, bildet in der Blüte ein Organ von hinfälligster Zartheit und vergeht in Duft und Farbe; das Insekt nutzt die Luft auf tätige Art und erreicht durch Mechanismen der Levitation gleichfalls eine Art von Entmaterialisierung. Beides ist innige Verschränkung, Hingabe im einen, kraftvolle Dienstbarmachung im anderen Fall – auch dies immer wiederkehrende Lebens-Muster.

Die Salbei-Blüten sind ein eindrucksvolles Zeugnis für die Genauigkeit, mit welcher so viele Bestäubungsapparate der Blütenpflanzen auf die bestäubenden Insekten hin eingerichtet sind: Die Bienen und Hummeln sind genötigt, die Unterlippe der Blüte in gerader Richtung von vorn zu betreten, um den tief im Schlund verborgenen Nektar zu erreichen, und sie setzen, sobald sie mit dem Kopf tief genug eingedrungen sind, einen hochkompliziert gebauten Hebelmechanismus in Bewegung, durch den sie von oben mit Pollen bepudert werden: Von den zwei Staubbeuteln auf jeder Seite der Blüte ist jeweils einer steril und verkümmert; er sitzt am einen Ende eines zweiarmigen Hebels, am anderen Ende befindet sich der fruchtbare Staubbeutel; der Hebel ist an einem Drehgelenk so aufgehängt, daß der fruchtbare Staubbeutel von oben auf den Rücken des Insekts gedrückt wird, wenn dieses den sterilen Staubbeutel nach vorn schiebt. Das ist aber nicht alles: Da nämlich die Kraft, mit der das Insekt den Hebelarm bewegt, ausreichend wäre, um die ganze, am aufrechten Staubfaden befestigte Vorrichtung zusammen mit diesem wegzuschieben, trägt das Blütenblatt seitlich einen höckerigen Fortsatz, der als Anschlagbolzen wirkt und ein Wegschieben des Staubfadens verhindert, und dieser Bolzen schließlich ist an seinem äußeren Ende köpfchenförmig verdickt, womit ein Abrutschen des Staubfadens zuverlässig verhindert wird. (Beim Wiesen-Salbei ist der Mechanismus ähnlich, doch wuchtiger – ein in Schulbüchern gern gebrachtes Exempel.)

Auch die Narbe, die bestäubt werden muß, hängt über dem Rücken des Insekts. Der Salbei ist aber vormännig, das heißt: Zu der Zeit, da der Pollen reif ist, bleibt die Narbe noch geschlossen. Erst wenn der Pollensack leer ist, reift auch die Narbe und neigt sich nach unten; sie kann also niemals vom Pollen der gleichen Blüte befruchtet werden.

Das Rätsel eines so subtilen Mechanismus wird durch seine evolutionstheoretische Erklärung eher vergrößert als gelöst. Wieder schiebt sich die Erklärung vor die Erscheinung und offeriert eine werkzeugtechnische Logik, deren Kennwort dem apparativen Denken einleuchten muß, gleichwohl aber just das nicht leistet, was doch die Theorie der Evolution gerade leisten soll: einen Entwicklungsvorgang, der offenkundig stattgefunden hat, in seinen Ursachen und in seinem Ablauf plausibel zu machen.

Das Kennwort in diesem Fall lautet: Koevolution. Pflanze und Insekt, bis in die letzten anatomischen Details und Verhaltensvarianten so aufeinander abgestimmt, daß man im technischen Sprachgebrauch von einer Justierung reden würde, sollen diese Details gemeinsam aus sehr viel einfacheren Vorstufen entwickelt haben, eines dem anderen ständig auf den Fersen, Schrittchen für Schrittchen. Das unglaublich (und »unnötig«) komplizierte Hebelwerk des Staubblattes samt Drehgelenk und Widerlager wäre demnach (zusammen mit der Vormännigkeit als Voraussetzung der erwünschten Fremdbestäubung) über unzählige Zwischenstufen entstanden, deren *jede für sich* so geringfügig sein mußte, daß sie durch *einen* Mutationsschritt erreichbar war, andererseits aber stets wirkungsvoll und vollkommen genug, um den damit begabten Individuen einen durchschlagenden Überlebensvorteil gegenüber den nicht abgeänderten Artgenossen zu sichern, derart, daß diese jeweils völlig verdrängt und vom weiteren Wettbewerb ausgeschlossen wurden. Je kleiner man die Schritte denkt, um so geringer auch der ihnen zuzumessende Überlebensvorteil und um so weniger einleuchtend folglich die (für die Theorie unentbehrliche) Auswirkung: daß die jeweilige Vorstufe ein für allemal obsolet wurde und auf der Stelle in der paläontologischen Versenkung verschwand, aus der sie bedauerlicherweise nicht einmal als Fossil je wieder auftaucht.

Zugleich mit der Entwicklung des Hebelwerks, des Drehgelenks und des Widerlagers wäre bei den bestäubenden Insekten eine teils spezifische, teils auch für andere Blütenformen passende Vorrichtung entstanden, die sowohl den Notwendigkeiten des eigenen Nahrungserwerbs als auch dem jeweiligen Entwicklungsstand der Salbeiblüte angepaßt wäre, – oder vielmehr: sich ihm in winzigen Schrittchen angepaßt hätte, schnell genug, um mit der weiteren Bestäubung des Salbei nicht in Verzug zu geraten, langsam genug, um dem Salbei nicht irgendwie evolutionär davonzulaufen, – aber doch wiederum, Schritt für Schritt, durchgreifend genug, um die Abschaffung aller weniger angepaßten Vorfahren zu bewirken.

Die Zumutung, einen solchen Entwicklungsgang als Abfolge kleinster Schritte (und diese wiederum als Ergebnisse zufälliger Mutationen) zu begreifen, wird dadurch vergrößert, daß man uns hier wie in zahllosen vergleichbaren Fällen nicht einmal ein Denkmodell anzubieten vermag, mit dessen Hilfe sowohl die Einzelstufen der Apparat-Entwicklung als auch die Diskrepanz zwischen der Geringfügigkeit der Abänderungen und ihrer gleichwohl »vernichtenden« Wirkung auf die nicht damit versehenen Artgenossen plausibel zu machen wären.

Freilich – zum Verständnis des Salbei vermöchte auch ein solches Modell kaum beizutragen. Denn was wir vor uns haben, sind eben nicht Vorstufen und Entwicklungsreihen, sondern es ist der Salbei, so wie er ist und gleichgültig wie er geworden ist. Wendet man den Blick von der evolutions-theoretischen Partikularisierung, von den vagen Andeutungen apparativer Entwicklungslinien wieder zurück zum Salbei selbst, dann wird der tiefe Abgrund sichtbar, der zwischen der Begegnung mit dem Lebewesen und der vermeintlichen Enthüllung seiner Herkunft liegt: Was da evolutionär »entstanden« ist, steht doch für nichts anderes als für sich selbst, wie auch immer seine Vorfahren ausgesehen haben mögen.

Die Blüte also, mit ihren merkwürdigen Vorrichtungen, verharrt wartend und verströmt sich zugleich, gibt und empfängt. Das sind Lebensgesten, die unverstanden bleiben, wenn man sie nur als Funktionen wahrnimmt. Sie fordern vom Betrachter, daß er sich dem Lebewesen zuneigt. Was er von der Wissenschaft erfahren kann, ist von untergeordneter Bedeutung: Es sind eher die Stichworte für eine Ahnung davon, daß unser Wissen von den letzten Details der Lebensvollzüge ganz unzulänglich ist und jedes sogenannte Faktum nur ein Erinnerungsposten für hundert andere verborgene und unerkannte Fakten. Die Fakten sind undeutliche Schattenbilder auf einem weißen Vorhang: dahinter spielt sich das Leben ab.

Anschauung, die sich ihrem Gegenstand anvertraut und meditierend überläßt, sieht durch die Schatten hindurch und richtet sich auf das Einmalige der Gestalt als einer Fügung von Möglichkeiten, deren jede in der Art der Metapher ein Grundprinzip des Lebens verwirklicht. Jede Anschauung, die das Erlebnis des Wesens im doppelten Sinne des Wortes zum Ziel hat, stößt auf Entsprechungen, Ähnlichkeiten, Gegensätze, Prinzipien und Strukturen in immer anderer Verbindung, auf Signaturen der Mannigfaltigkeit. Das Ziel des erlebenden Erkennens kann nicht sein, diese Erscheinungen aufs Allgemeine zurückzuführen und damit zu einer Art Musterkatalog zusammenschrumpfen zu lassen (der schließlich, wenn man es nur weit genug treibt, bei der reinen Physik endet), – vielmehr gilt es, die Signaturen der Mannigfaltigkeit miteinander zu verknüpfen und das Netz der inneren Zusammenhänge sichtbar zu machen, mit denen verglichen die kausalen Verknüpfungen eher trivial erscheinen und leicht in die Irre führen können, indem man den Zweck mit dem Nutzen, die Ursache mit der Wirkung, den Weg mit dem Ziel verwechselt. Wo man jeder Gestalt ihr eigenes Recht läßt und sie als einmalige Fügung von Lebensgebärden annimmt, kann die Ursachenforschung nur noch Fußnoten beisteuern.

Bei solcher Anschauung, die von selbst den Charakter liebender Zuwendung gewinnt, spinnen sich Verbindungen zwischen dem Betrachter und dem Gegenstand seiner Betrachtung, es findet ein Austausch statt, der das Gegenübersein aufheben kann. Das beginnt beim tastenden Erfühlen des Stofflichen, mit den Händen und mit den Augen. Schließlich ist es der Betrachter selbst, der den Salbei erschafft, indem er, aufsteigend vom gemeinsamen Ausgangspunkt aller Strauchtriebe, die Gebärden der Pflanze nachvollzieht, sich aufwärts erhebt, nach den Seiten ausgreift, im Blatt flach wird und sich dem Licht darbietet, sich im Flaum der schützenden Haare verliert, dann Licht und Wärme in öliger und harziger Materie hortet und verdichtet, schließlich in der Blütenregion wieder abstrahlt als

Farbe und Lockung, mit den Luftwesen einen lebenswichtigen, aber doch auch heiter spielerischen Austausch vollzieht und schließlich alle Kräfte und alle Möglichkeiten in kleinen schwarzen runden und außerordentlich harten Samenkörnern versammelt.

Es ist nicht so, daß dabei der Betrachter nur den Salbei erkennt. Indem er sich in die Pflanzengestalt begibt, empfindet er zugleich, welche Gebärden ihm schwer fallen und welche leicht, welche ihm fremd sind und welche so vertraut wie dem Salbei selbst. Er erkennt sich selbst in den Gebärden des Salbei – oder sein Gegenbild.

Der Versuch, sich mit dem Pflanzenwesen zu verbinden, indem man die Gesten seiner Entfaltung nachvollzieht, mag als ein ganz unzeitgemäßer, sentimentaler Versuch einer Annäherung erscheinen, die ohne Folgen und Nutzen bleibt. So war denn auch vor einiger Zeit in einer Tabelle, in der die Leistungen der einzelnen Stufen von Naturerkenntnis nach dem heutigen Stand der Wissenschaft aufgeführt wurden, die abschätzige Wertung zu lesen: eine morphologische Betrachtungsweise erbringe nichts als »Naturgenuß«.

»Genuß« – das läßt nun wieder ans Essen denken, an den gerösteten Salbei und an die Einverleibung des Feindes oder des Gottes. Aneignung und Anverwandlung – all dies denn doch wohl mehr als nur ein behagliches Verkosten, dem der Vorwurf der Unverbindlichkeit gemacht werden könnte. Freilich ist dies eine Weise des Erkennens, deren Ergebnisse sich weitgehend der Mitteilung entziehen und der neuzeitlichen wissenschaftlichen Tugend der »Reproduzierbarkeit« kaum zugänglich sind. Wer aber die Mitteilbarkeit und die Reproduzierbarkeit zum Maßstab macht, behauptet damit, etwas habe nur so viel Wert, wie sich in Worten wiedergeben läßt – und das ist offensichtlich falsch, es sei denn, daß man unter »Wert« tatsächlich den Verkaufswert versteht, für den dies allerdings zutrifft. Da wir aber den Verkauf so exzessiv betrieben haben und betreiben, daß mit Recht von Ausverkauf gesprochen werden kann: so wäre es wohl angezeigt, die Bewertung der Restbestände nach anderen Kriterien vorzunehmen als nach denen der Verkäuflichkeit.

Und was die Reproduzierbarkeit angeht, so signalisiert sie – wie alle konstituierenden Prinzipien neuzeitlicher Wissenschaft – schon im Begriff zugleich mit der methodischen Vorschrift auch die Weise, in welcher der Gegenstand der Forschung verfehlt oder beschädigt wird: Hinter der Forderung nach Reproduzierbarkeit stand von jeher nicht nur der Wunsch, diese Welt zu verstehen, sondern die heimliche Absicht, sie neu zu produzieren, möglichst in verbesserter Ausführung, – und den Menschen nicht ausgenommen.

Die Mitteilungen der Wissenschaft sind nicht geringzuschätzen, doch kann sich das Bild des Salbei schier verflüchtigen, wenn man nur sie für wahr nimmt. Es ist aber keineswegs so, daß dieser Betrachtungsweise eine andere, auf den ganzen Salbei gerichtete komplementär wäre (wie manche vermuten), daß sie sich also ergänzten und daß die eine ohne die jeweils andere unvollständig bliebe. Vielmehr liefert die zergliedernde Analyse nur Materialien und hat eine durchaus dienende Funktion.

Der Salbei, erkannt und erlebt nicht als Gegenstand immer weiterer Zergliederung, sondern als ein Wesen eigener und einziger Art, einverleibt und anverwandelt in jeder Weise zwischen Meditation und Essen, zwischen Anschauung der Gestalt und Aufgehen in seinem Duft, steht für alle Wesen dieser Welt, die, wie auch immer, jedenfalls nicht durch unsere Schlauheit, zum Sein gekommen sind; daß wir scheitern, wenn wir uns ihnen als Feinde, als Eroberer nähern und sie als gierige Benutzer verwerten, braucht keinerlei Beweis mehr; daß also die Grenzen des Benutzens und neue Regeln des Umgangs wiederzufinden wären, leuchtet ein und wird immer lauter gerufen und gefordert.

Aber die Grenzen der Wissenschaft sind nicht aus dieser selbst zu gewinnen, auch nicht die Grenzen wissenschaftlich-technischer Verwertung. Eine Wissenschaft, die durch methodische Kautelen ganze Seinsbereiche ausblendet, ist dafür so wenig kompetent wie ein Augenarzt es wäre, der seinen Patienten bei der Auswahl der Lektüre beraten wollte. Es kann nicht gelingen, mit Zahlen und Fakten ein Verhalten zu bestimmen, dessen allererste Voraussetzung eine wissenschaftlich nicht begründbare Ehrfurcht vor der Unbegreiflichkeit und der Einmaligkeit ist. Es ist ein erster Schritt auf einen anderen Weg, wenn die Gestalten dieser Welt als unwiederbringliche Phänomene wahrgenommen werden, als Worte einer nicht enträtselten Sprache – weit jenseits einer historischen Betrachtung, der sie nur als Belegstücke für die Evolutionsgeschichte gelten, jenseits *auch* einer ökologischen Perspektive, die das Ganze zu erfassen trachtet und doch verstrickt bleibt in das Fragen nach den Zwecken.

Nach dem Grund der Welt sucht man vergebens in der Richtung der Zwecke und Mechanismen (wohl auch vergebens bei rasenden Elektronen und verpaarten Leptonen), und der Blick auf den Prozeß des Werdens lenkt eher ab von den Gestalten, deren jede mit einer nicht abzählbaren Fülle von Bezüglichkeiten auf jenen Weltgrund zurückverweist. Auf diesem Grund liegt nicht die Einheit des Stofflichen, aus dem die Fülle werden konnte, sondern die Mannigfaltigkeit des Möglichen, die sich des Stoffes bemächtige, – nicht die Partikel, sondern die Gedanken. Die Fülle ist nicht die Oberfläche der Welt, sondern ihr Grund.

Verteidigung
des Federgeistchens

Über Ökologie und über Ökologie hinaus

Gesetzt den Fall, eine Stubenfliege vermöchte sich eine Meinung über ihre Umwelt zu bilden – und wer wollte seine Hand dafür ins Feuer legen, daß sie es wirklich nicht kann? – so würde die Stubenfliege das Fehlen faulenden Fleisches in der Stube als existentielle Zumutung empfinden und von ordentlichen ökologischen Verhältnissen erst wieder reden mögen, wenn sich die Katze unterm Sofa erbricht und damit eine Fülle von Nahrungsressourcen verfügbar macht:

Die Vorstellung, wie eine zuträgliche Welt beschaffen sein müßte, sieht bei der Stubenfliege anders aus als bei den Bewohnern der Stube, beim Laubfrosch anders als beim Goldfisch, beim Cholerabazillus anders als bei dem, der an der Cholera erkrankt ist: Während dieser der Welt Ade sagt, jubeln die Bazillenheere über die guten Zeiten, soweit sie nicht von Medikamenten verseucht sind und, sterbend, den unverfrorenen Eingriff in ihre sonst so intakte Ökologie beklagen.

Daß ein Lebensraum ökologisch intakt und daß etwas ökologisch richtig oder vertretbar sei, ist also offenbar Ansichtssache und hängt von den spezifischen Bedürfnissen und Interessen desjenigen ab, der da urteilt und der in dieser Ökologie leben will.

Im ökologischen Verständnis der Blattlaus spielt die Marienkäfer-Larve die Rolle des höchst unerwünschten Todfeindes, während sie, eben wegen ihres Appetits auf Blattläuse, dem »ökologisch« denkenden Menschen als willkommene Helferin gilt. Die Frage, wer mit seiner Einschätzung der Marienkäfer-Larve eher im Recht wäre, läßt sich nicht mit Hilfe der Ökologie beantworten, denn die Ökologie sagt nichts über das Recht eines Lebewesens, in seiner Umwelt zu überleben, sondern skizziert nur die Muster der Abläufe, innerhalb deren dieses Überleben gelingt – oder scheitert.

Wer im Winter ein Paket Tausalz aufs Trottoir streut, tötet zwar die Straßenbäume, handelt aber gleichwohl »ökologisch«, denn es ist ein ökologischer Vorgang, wenn ein Biotop durch irgendwelche und irgendwessen Einflüsse für die dort heimischen Lebewesen unbewohnbar wird, so daß sie absterben oder auswandern und das Terrain jenen überlassen, die auch unter den neuen Bedingungen zurechtkommen.

Was ökologisch falsch und was richtig ist – die Auskunft darüber ist gar nicht aus der Ökologie zu erlangen, vielmehr ist jedes Urteil darüber von den Wünschen und Wertsetzungen dessen abhängig, der das Urteil abgibt.

Absurd mag das klingen in einer Zeit, in der die Begriffe »Ökologie« und »ökologisch« fast so viel zu bedeuten scheinen wie »Paradies« und »paradiesisch«: Sie haben den Klang von Gleichgewicht und Harmonie und sollen jedenfalls so etwas wie eine natürliche Ordnung bezeichnen, die mit Gedeih und nicht mit Verderb, mit Wohlergehen und nicht mit Not und Tod zu tun hat, eine Ordnung, deren Grundwerte dekretiert und verwirklicht werden können. Man will »ökologisch« gärtnern und leben und meint mit dem Wort »ökologisch« zu definieren, wie dieses Leben sich vollziehen soll.

Die Ökologie beschreibt aber gar nicht das, was sein soll, sondern das, was vor sich geht. Sie beschreibt, in welcher Weise alle Lebewesen mit ihrer belebten und unbelebten Umwelt in vielfältigen und verschlungenen Zusammenhängen verbunden und auf diese Zusammenhänge angewiesen sind: als Konsumenten und Produzenten, als Jäger und Gejagte, als Eltern und Nachkommen, als Eroberer und Vertriebene.

Würde sich die Welt über Nacht zur Gänze in heiße Schwefelsäure verwandeln, so würde die Ökologie am nächsten Morgen auch diese Schwefelsäurewelt ganz ungerührt beschreiben, denn es gibt eine einzellige Alge namens Cyanidium caldarium, die gerade eine solche Art von Umwelt schätzt, und sie könnte sich darin nach allen Regeln der Ökologie um so

67

wohler fühlen, als sie wahrscheinlich als einzige Art die große Verwandlung überstünde.

Die Schwefelsäurewelt wäre von großer ökologischer Einfalt, aber daß sie – außer für Cyanidium caldarium – ziemlich unwirtlich wäre und nichts mehr von dem enthielte, was sie jetzt noch einigermaßen wirtlich macht, – das könnte von der Ökologie nicht einmal verbucht, geschweige denn als unerwünscht oder nachteilig bewertet werden. Die Vielfalt, welche diese Erde derzeit noch zu bieten hat, wird von der Ökologie nur in ihren Zusammenhängen beschrieben; daß sie erhaltenswert sei, ist aus der Ökologie nicht herzuleiten.

Wenn sich ein Lebewesen aus dieser Vielfalt verabschiedet, so ändern sich in irgendeiner Weise die ökologischen Verhältnisse, und die Hinterbliebenen müssen sehen, wie sie damit fertigwerden. (Nicht selten fühlen sie sich dann übrigens wohler als vorher. So ist anzunehmen, daß vor fünfundsechzig Millionen Jahren beim ziemlich plötzlichen Aussterben der Saurier ein großes Aufatmen durch die Welt ging.)

Die Ökologie als solche bleibt jedenfalls durchaus »intakt«, das heißt: in irgendeiner Weise spielt sich das wieder ein, was man gern das *ökologische Gleichgewicht* nennt.

Just dieser Grundbegriff freilich, der besonders eindringlich ans Paradiesische und an sanfte Harmonie erinnert, ist eben deshalb auch die Quelle besonders zahlreicher Mißverständnisse.

Ein ökologisches Gleichgewicht gibt es so wenig, wie es ein Auto gibt, das geradeaus fährt. Es gibt äußerstenfalls ein beständiges Pendeln um eine Mittellinie, mit tanzendem Waagenzünglein, und meist tanzt das Zünglein nicht nur, sondern schlägt abrupt nach der einen oder der anderen Seite aus und kommt kaum je für eine kurze Zeit zu trügerischer Ruhe.

Vor allem aber ist dieses höchst empfindliche Gleichgewicht, wenn es sich denn überhaupt einstellt, keineswegs das Hauptziel aller Ökologie, als das es vielen Anhängern einer ökologischen Weltanschauung gilt. Die Ökologie kennt gar kein solches Haupt*ziel*, sondern nur den *Weg* des Lebens, und der führt

68

nicht geradeaus auf die elysischen Felder, sondern immer im Kreis und immer durch Untergänge.

Die mannigfaltigen Beziehungen der Lebewesen innerhalb eines Lebensraumes werden ständig gestört und oft genug katastrophal zerstört. Jede Ordnung, die sich aufbaut – und die in Wahrheit meist mehr einem provisorischen Kompromiß ähnelt als einer richtigen Ordnung – wird früher oder später jäh in Unordnung gebracht, und das ungefähre Arrangement, das sich wieder einstellt, ist dann ein anderes als zuvor.

Wenn ein Tal mit Bäumen und Tieren und Dörfern in einen Stausee umgewandelt und für alle Zeiten überflutet wird, so ist auch dies ein ökologischer Vorgang – eine ökologische Katastrophe zwar vorderhand für alles, was da lebte, aber bald ruht der See und beherbergt neues Leben. Wie bei einer Drehbühne folgt eine Szenerie unmittelbar auf die andere, und wenn nach ein paar Jahren vielleicht der Abschaum von Fabriken und Feldern den neuen See mit unbekömmlichen Stoffen angereichert hat, dann mag es wieder zu einer neuen Drehung der Bühne, zu neuen Katastrophen kommen. Tier- und Pflanzenarten weichen den unerträglichen Lebensverhältnissen, während Bakterien und Algen im Übermaß gedeihen – aber das ist, selbst wenn es gären und stinken sollte, nichts anderes als eine lebensvolle Ökologie, in der es von überglücklichen Einzellern nur so wimmelt.

Wollte jemand daran Anstoß nehmen und den Algensee für so umgekippt und abscheulich erklären, wie er es in der Tat ist – so müßte er die Maßstäbe für dieses Urteil von anderswoher holen als aus der Ökologie, die nur beschreibt, was ist, und die sich nicht darum scheren kann, ob wir es nützlich finden oder schön.

Sie beschreibt es mit Daten und Statistiken, mit Kausalketten samt Rückkopplungen, mit Meßergebnissen und daraus abgeleiteten Regeln, sie vermag manchmal sogar ungefähre Voraussagen über künftige Entwicklungen zu treffen, und sie nennt das Modellbild, das daraus entsteht, ein »System«, gern auch ein *vernetztes System*.

Das beliebte Bild vom Netz ist aber so trügerisch wie das vom Gleichgewicht. Es soll andeuten, daß in der Biosphäre im allgemeinen und in jedem ökologischen Teilsystem im besonderen alles mit allem auf eine verschlungene Weise zusammenhängt, jeder Teil seinen Platz im Ganzen hat und mit den anderen Teilen so verbunden ist, wie ein Netz sich aus Fäden und Knoten aufbaut.

Wenn in einem richtigen Netz eine Verknüpfung zerreißt, dann kann das fatale Folgen haben, je nachdem, wofür das Netz gedacht war: Fische schlüpfen durch die offene Masche, die Tragfähigkeit der Hängematte verringert sich, wo ein Knoten gerissen ist, mag leicht der nächste oder übernächste folgen, und binnen kurzem kann das ganze Netz unbrauchbar und irreparabel sein, zu nichts mehr nütze.

Das schöne Bild vom Netz legt den Gedanken nahe, daß es sich in der Ökologie ähnlich verhalte, daß also kleine Risse, winzige Defekte, mit ihren Folgen und Folgefolgen schließlich das Ganze zusammenbrechen lassen können.

Weit gefehlt: Wenn im ökologischen Netz ein Knoten reißt, dann schließt der Rest des Netzes sich – oft genug unter Opferung weiterer Knoten – wiederum zu einem Netz zusammen, ja, es schlingen sich von außen womöglich neue Fäden hinein, für die zuvor kein Platz war, das Netz wird vielleicht dichter, als es je gewesen ist. In jedem Falle aber bleibt es ein »Netz«, solange überhaupt noch Leben da ist. Produzenten und Konsumenten, Jäger und Gejagte arrangieren sich wieder, irgendwie, bis zum nächsten Malheur.

Auf der niederländischen Insel Vlieland gibt es ein von hohen Deichen umgebenes sumpfiges Dorado, in dem so viele seltene Tiere und Pflanzen gedeihen, daß man es über den ganzen Sommer hin hermetisch abriegeln muß. Staatlich besoldete Wärter sorgen dafür, daß niemand eindringt und Orchideen abpflückt, das Sumpf-Herzblatt ausgräbt oder die Stelzvögel beim Brüten stört. Ein Paradies, bewacht wie ein Kleinod.

Aber dieses Paradies ist entstanden, indem man vor achtzig Jahren das ökologische Netz des Wattenmeeres in voller Absicht und aller Brutalität zerrissen, Teile davon eingedeicht und als Polder der langsamen Verlandung anheimgegeben hat. Die Algen und Salzwasserpflanzen, die hier lebten, sind samt und sonders dahin, auch die Muscheln und Schnecken und Schuppenwürmer. Das Paradies ist »künstlich« erzeugt, gleichwohl ein vollkommen lebendiges, ökologisches »System« – und die Frage bleibt nur, ob man es zulassen soll, daß es sich auf ganz natürliche »ökologische« Weise fortentwickelt – nämlich zu einem mittelmäßigen Mischwald ohne große Besonderheiten, oder ob man es mit all seinen schutzwürdigen Lebensformen erhalten soll – dann wird man durch fortwährende künstliche Eingriffe die Verlandung aufhalten müssen, die einst das Ziel dieser Anlage gewesen ist.

Ein Netz ist da zerstört worden – das des Wattenmeeres, ein neues ist entstanden, und wollte man von der Ökologie wissen, welches der beiden Netzsysteme mehr Lebensrecht hat: sie vermöchte es nicht zu sagen. Denn die Ökologie beschreibt, was ist, und nicht, was sein soll.

Das ökologische Netz wandelt sich, es ändert seine Verknüpfungen, und Katastrophen – natürliche und menschengemachte – sind als Ursachen dafür nicht die Ausnahme, sondern die Regel. Der menschengemachte Polderdamm ist ein winziger Eingriff, verglichen mit all den Eingriffen, die die Natur sich selbst erlaubt und mit denen sie die beständige Verwandlung der Systeme vollzieht.

Ob dies abrupt geschieht oder nur schleppend, ob es einschneidend ist oder ob es Übergänge gibt – das ist eine Sache der Perspektive. Die Muschel am Wattstrand von Vlieland mag als existentielle Katastrophe erleben, was wir kaum bemerken und was der Uferschnepfe nur als kleiner Umbau in einer Ecke ihres Reviers gilt. Einigkeit ist da nicht zu erzielen.

Da jedes ökologische System aus der langsamen oder schnellen Zerstörung eines anderen Systems entsteht, und da umgekehrt auch jede Zerstörung eines Systems ein anderes gebiert, da also Tod und Scheitern auf der einen Seite immer mit einem Lebens-Erfolg auf der anderen verknüpft sind, kann das vernetzte System nur als eine Momentaufnahme angesehen werden, die, wie beim Fotografieren, nur eine kurze Belichtungszeit haben darf, wenn das Bild als Bild eines Zustandes erscheinen soll. In Wahrheit befindet sich alles in Bewegung, und wer gerade mittendrinsteckt, wird nicht den Eindruck haben, daß dies eine sanfte und paradiesische Bewegung ist.

Stabilität ist nicht zu haben, und so ist denn auch diese ökologische Parole gar nicht aus der Ökologie zu begründen.

Die Pfütze, die sich nach dem großen Regen bildet und die auf lehmigem Grund zwei oder drei Wochen stehenbleibt, ist für die Mückenlarven, die sich darin entwickeln, ein stabiles ökologisches System von völlig ausreichender Lebensdauer für die Absolvierung eines Entwicklungsabschnittes: Der Maßstab für den Begriff der Stabilität ist vor allem die Lebensspanne dessen, der den Begriff benutzt, also kein unantastbares ökologisches Kriterium, sondern ein naiv-egoistisches.

Der langsam verlandende See mag für die Fische darin – oder für einen Menschen, dem sechzig oder achtzig Jahre lang erscheinen – noch einigermaßen stabil sein. Aber man braucht nur den Zeithorizont ein bißchen weiter zu nehmen, dann ist der See nicht mehr als eine flüchtige Episode in der Geschichte der Landschaft.

Wenn aber die Stabilität nicht der ökologische Grundwert per se ist, als der sie oft ausgegeben wird, dann wird auch jene abgewetzte Argumentation hinfällig, wonach die *Vielfalt der Arten* in den ökologischen Systemen nötig sei, um deren Stabilität zu garantieren. Je artenreicher ein System sei, so heißt es, um so weniger sei es gegen Störungen von außen anfällig; jeder Ausfall könne sogleich von einem anderen Teilnehmer des Systems wettgemacht werden, jede Lücke im Netz sogleich ausgefüllt werden.

Das klingt sehr einleuchtend, aber in Wahrheit handelt es sich bei diesem Glaubenssatz um eine Verallgemeinerung, die so gut wie unzulässig ist.

Es gibt artenarme ökologische Systeme – wie die Lebensgemeinschaft der Meeresdünen – die von großer Stabilität sind, und es gibt artenreiche Systeme, die binnen kürzester Zeit nahezu spurlos verschwinden und einer anderen Konföderation von Lebewesen Platz machen, wenn nur der Grundwasserspiegel um einen Meter sinkt. Für das Verhältnis von Vielfalt und Stabilität kommt es ganz darauf an, um welche Art von Ökosystem es sich handelt und welcher der vielen Lebensfaktoren sich ändert. Dem See, in den Phosphate und Nitrate fließen, nützt seine Artenvielfalt überhaupt nichts – er kippt trotzdem um. Der Tümpel, der auf kleinem Raum eine unglaubliche Vielzahl von Arten beherbergt, stirbt dennoch im Handumdrehen, wenn es einer Entenfamilie einfallen sollte, an ihm heimisch zu werden und ihn mit ihren Exkrementen in ein Gülleloch zu verwandeln.

Vor allem aber hängt es nicht von Artenvielfalt oder Artenarmut ab, ob das Leben weitergeht und wie: Irgendetwas lebt auf dem unwirtlichsten Flecken, irgendein Arrangement stellt sich ein, und da die Stabilität eines bestimmten ökologischen Systems kein ökologischer Grundwert ist, die Vielfalt genausowenig, kann man nicht die eine aus der anderen rechtfertigen und vorgeben, die Forderung nach Erhaltung der Vielfalt sei eine Konsequenz aus der wissenschaftlichen Erkenntnis der Ökologie.

Nicht weniger gilt das für den *Kreislauf*, ein anderes Postulat ökologischen Denkens, bei dem man gern so tut, als läge ihm ein ehernes Gesetz zugrunde, das es einzuhalten und zu vollziehen gälte.

Kreislauf heißt, daß Produzenten und Konsumenten eines ökologischen Systems (mitsamt den anorganischen Komponenten Boden, Wasser und Luft) unablässig die verfügbaren Stoffe umsetzen. Steine verwittern, Pflanzen leben von den freiwerdenden Mineralien, Pflanzenfresser nähren sich vom Grün, größere Tiere von den Pflanzenfressern, und aller Ausscheidungen und Überreste dienen, von Bakterien zersetzt, wiederum den Pflanzen als Nahrung. Die Stoffe des Lebensraumes befinden sich in ständiger Umsetzung; was nicht gebraucht wird, dient dem Aufbau einer Humusschicht; was dieser ent-

73

nommen wird, fällt ihr auch als absterbendes Material wieder zu.

Tatsächlich vollzieht sich der Kreislauf so oder ähnlich in allen ökologischen Systemen. Aber in allen sammelt sich auch, mehr oder weniger schnell, in irgendeiner Ecke ein Abfallvorrat an, der, wenn denn je, erst in Jahrzehnten, Jahrhunderten oder Jahrmillionen, nach fundamentaler Änderung des Systems, wieder in den Kreislauf zurückfindet.

Am Grunde des Sees sammeln sich Schlammengen, die auch von Bakterien nicht restlos aufgearbeitet werden können und immer höher und höher wachsen – bis der See keiner mehr ist und der Schlamm den Boden abgibt für einen Wald. – In der Tiefe des Moores sammeln sich Torfmengen und wachsen über lange Zeiträume an, so daß es des rabiaten und gierigen Zugriffs der vereinigten Gärtner aller Industrieländer bedürfte, um die Erschöpfung dieser Lager in den Bereich des Möglichen zu rücken.

Allenthalben produzieren die Ökosysteme solche Schichten von Rohmaterial, Korallenriffe, Kohle, Erdöl, Guanokrusten, Manganknollen, Erzlager organischer Herkunft, oft genug eine Art von Müll, bis zu dessen Wiederaufbereitung und Wiederverwendung, wenn sie je erfolgt, übermenschliche, geologische Zeiträume vergehen.

Die Ökologie vermag viele Kreisläufe zu beschreiben, aber da sie zugleich auch die Ablagerung organischer und anorganischer Reste für Jahrhunderte oder Jahrmillionen beschreibt, ist aus der Ökologie nicht abzuleiten, daß es besonders wohlgetan wäre, einen Kreislauf in Gang zu halten, und als besonders verwerflich, einem Kreislauf etwas zu entziehen.

Natürlich gibt es Kreisläufe, die zu bewahren oder wiederherzustellen höchst vernünftig ist, etwa jenen alten bäuerlichen Kreislauf, bei welchem der Mist, den das Vieh erzeugt, auf die Felder und Wiesen kommt und die daraus wachsende Pflanzenmasse dann wiederum, zum Teil, dem Vieh als Nahrung dient, – statt daß man die Gülle in die Flüsse spült und den Boden mit Fabrikdünger nährt. Aber es kann zu schlimmen Mißverständnissen führen, wenn man ein solches Verfahren, das auf schlichter, eher ökonomischer Vernunft beruht, für »ökologisch« ausgibt und den Kreislauf als Lebensprinzip verherrlicht, ohne dazuzusagen, daß die natürliche Ökologie genausogut die Mülldeponie kennt.

Je näher man all diese Begriffe untersucht, die in der ökologischen Diskussion als eine von der Wissenschaft gedeckte Währung gelten, um so mehr zeigt sich, daß es mit der Deckung schlecht bestellt ist:

Der Kreislauf ist kein Wert an sich, der Kreislauf darf auch stocken und dann kann es sogar fatal sein, wenn man ihn, wie bei der Kohle und dem Erdöl, zu schnell wieder in Gang setzt. Die Stabilität scheitert als Begriff schon an einem geeigneten Zeitmaßstab, und da immer alles, was sich vollzieht, auf seine Weise »ökologisch« ist, so ist mit der Ökologie nicht zu belegen, warum just das, was gerade ist, »stabil« bleiben sollte. Die Vielfalt der Arten und ihr ökologischer Zusammenhang wird von der Ökologie zwar beschrieben, aber wenn nur noch die Einfalt der Alge Cyanidium caldarium in einer Welt aus heißer Schwefelsäure zu beschreiben wäre, so würde die Ökologie dies gleichfalls leisten; es gibt kein ökologisches Gesetz, welches die Erhaltung aller lebenden Arten forderte. Schließlich ist die Vernetzung der ökologischen Systeme, da sie sich bei Störungen in irgendeiner Form stets wieder einstellt, auch nichts, wovon man sagen könnte, es müsse aus Gründen der Ökologie ausgerechnet so erhalten bleiben, wie es ist, oder: wovon man mit ökologischen Argumenten angeben könnte, wie es statt dessen auszusehen hätte.

Die Ökologie beschreibt weder das Paradies noch die Richtung, in der es liegt, und für jeden sanften Weg, der sich aus ihr ablesen läßt, findet man auch einen harten, den sie an einer anderen Stelle vorzeigt. Sie beschreibt ein subtiles Zusammenspiel zwischen den Lebewesen, aber sie beschreibt auch die brutale Verdrängung einer raren Spezies durch einen Allerweltsrüpel. Sie kündet von einigen heilen Weltecken, aber die Verkündigung ist untermalt vom Lärm der ökologischen

Katastrophen, auch solcher, die die Natur sich selber bereitet, ganz ohne Zutun des Menschen.

Die Ökologie ist keine Gesetzessammlung, die sich zu einer Umwelt-Ethik umformen ließe. Alles, was unter dem Etikett der Ökologie an Vorschlägen und Vorschriften, an Empfehlungen und Mahnungen, an Verboten und Geboten annonciert wird, beruft sich zwar auf nachgewiesene ökologische Zusammenhänge, – aber die Wertung dessen, was als unerwünscht und erlaubt, was als sündhaft und verwerflich zu gelten hat, liegt außerhalb der Ökologie.

*

Selbst mit dem Ansinnen, uns die Strukturen der Wirklichkeit zutreffend zu schildern, die ökologischen Zusammenhänge aufzudecken, ist die Ökologie schon hoffnungslos überfordert.

Die ökologischen Modelle und Systembeschreibungen sollen die Ursachen und Wirkungen und Abhängigkeiten spiegeln, und in Daten soll dies festgehalten und verfügbar gemacht werden. Man kann aber kausale Wirkketten nur freilegen, wenn man die Ursachen und die Wirkungen beobachtet und richtig aufeinander bezogen hat. Der Umstand, daß es viele Kausalketten gibt, die sich Glied für Glied verfolgen und in Meßzahlen umsetzen lassen, kann leicht die frohe Hoffnung wecken, dies sei, zumindest im großen und ganzen, durch fleißige Forschungsarbeit auf den Stand einer gewissen Vollkommenheit zu bringen – aber das Gegenteil ist der Fall:

Die Quintessenz aller Ökologie ist die Einsicht, daß die Netze viel zu fein gewebt sind, als daß man hoffen könnte, jemals mehr als einen Abglanz des Lebens statistisch in den Griff zu bekommen.

Ungeheure Datensammlungen werden erstellt, die »Programmierung« des Lebens wird nachvollzogen. »Kybernetische« Ökologie nennt sich diese Wissenschaft, Computer-Ökologie also. Jede Wirkung und Wechselwirkung, jede Kausalverknüpfung wird in alle Verzweigungen verfolgt, Nahrungsketten werden aufgedröselt, Verbrauchsbilanzen aufgestellt, input und output abgezählt, Rückkopplungsmechanismen, limitierende Faktoren und Regulationsmechanismen protokolliert – aber kein Irrtum ist so banal, daß er bei diesem Versuch, die Vielfalt der Lebensvollzüge tabellarisch festzunageln, nicht vorfallen könnte:

Vor Jahren bemühte sich eine große Wanderausstellung unter dem Titel »Unsere Welt. Ein vernetztes System« dem Publikum die Kunde nahezubringen, daß es die Kybernetik sei, mit der man die Welt erfassen und handlich machen könne. Und um den Begriff der kybernetischen Vernetzung zu erhellen, zeigte die Einführung das Bild eines Sandhaufens mit der Erläuterung: ein solcher Haufen sei einfach ein Haufen, ungeordnet und unvernetzt.

Nichts davon! Schon aus dem Bild war abzulesen, daß – aus bestimmten physikalischen Gründen – beim Aufschütten eines solchen Haufens stets ein spitzer Kegel entsteht und daß sich dabei am unteren Saum vorzugsweise die schwereren Körner sammeln; und der ganze Haufen hält überhaupt nur zusammen vermittels einer systematischen Vernetzung der physikalischen Kräfte Reibung und Schwerkraft. Nimmt man auch nur ein Korn weg, dann können sich ganze Teile des Haufens in Bewegung setzen; neue Strukturen entstehen, die wiederum den etwa auf den Sandhaufen wirkenden Kräften die Linien zur Bildung weiterer Veränderungen vorgeben.

Ein Musterbeispiel feinster Vernetzung also – aber in jener Ausstellung dargeboten als ein Modell für das Chaos an sich. Der Vorfall zeigt, daß die Verläßlichkeit, mit der die Zusammenhänge in Zahlenreihen gebannt werden können, stets davon abhängt, ob die Kybernetiker das Kybernetische überhaupt wahrgenommen haben.

Der Sandhaufen, ein schlichtes Exempel für komplexe Zusammenhänge in einem leblosen System, ist ein weit besseres Bild für die Ökologie als das Netz: Bei einem Netz kann man die Maschen zählen, die Knoten fixieren und die Fäden untersuchen. Beim Sandhaufen ist es schier unmöglich, für jedes

Korn einzeln zu bestimmen, wie es denn ganz genau in das zugleich fragile und feste Bauwerk des Spitzkegels eingebunden ist und was passiert, wenn ein Windhauch nur ein einziges Korn verlagert. Das Bild des Sandhaufens zeigt nicht nur, wie nah die fundamentalen ökologischen Irrtümer liegen, es symbolisiert auch die Vergeblichkeit des Versuchs, das Programm dieser Welt bloßzulegen: Wer dies beim Sandhaufen versuchen wollte, müßte ihn zuvor zerstören.

Das ökologische Modell ist immer nur ein Skizzenbild von etwas, was in der Wirklichkeit um viele Größenordnungen komplizierter ist, als es selbst mit Computerhilfe errechnet werden kann.

Die großen Linien mag die Rechenmaschine richtig wiedergeben, das ist wahr. Die limitierenden Faktoren einer Algenpopulation mag sie bis auf die zweite Stelle hinterm Komma leicht errechnen, eine bestimmte Jäger-Beute-Beziehung treulich wiedergeben, und von der Nahrungskette, die bei den Bakterien beginnt und beim Menschen nicht endet, sondern wieder zu den Bakterien zurückführt, mag der Rechner ein ziemlich ähnliches Bild entwerfen. Aber stets bleibt er darauf angewiesen, daß sein Programmierer im Prinzip schon gewußt hat, was die Maschine dann als Zahlenwerk ausspuckt. Wo dies nicht der Fall ist, kommt es zu den größten Überraschungen.

Vor einigen Jahren behandelte der amerikanische Mediziner John Crocker 884 neugeborene weiße Mäuse mit jenen Trägersubstanzen und Emulgatoren, die man überall auf der Welt den Insektiziden beifügt, damit man diese leichter versprühen kann. Die Trägersubstanzen hielt man, nach sorgfältiger Prüfung, für biologisch unbedenklich: Sie sind ungiftig, folglich galten sie als harmlos. Als aber John Crocker seine vorbehandelten – und immer noch gesunden – 884 weißen Mäuse mit dem Virus einer Mäusekrankheit infizierte, da erwies sich, daß die mit den vermeintlich »biologisch inaktiven« Substanzen traktierten Mäuse der Krankheit weit schneller und bei weit geringeren Virus-Gaben erlagen als unbehandelte Versuchstiere.

Ein Abgrund des Unwissens tut sich da auf: Stoffe, denen man nichts Böses zugetraut hatte, weil sie keine direkte Wirkung zeigten, enthüllten eine indirekte Gefährlichkeit von ganz unabsehbarem Ausmaß; und wenn eine für harmlos gehaltene Substanz auf einem ziemlich versteckten und nur durch Zufall freigelegten Umweg hinterrücks und heimlich etwas anrichtet, worauf selbst eine blühende ökologische Phantasie kaum hätte verfallen können, dann darf man es nicht für unmöglich halten, muß vielmehr auf Schritt und Tritt damit rechnen, daß diese Welt voll ist von solchen niemals aufgedeckten, im Sandhaufen ökologischer Zusammenhänge vielleicht für immer dem Auge der Programmierer entzogenen Kausalitäten, die längst als Fatalitäten wirksam sind.

Solche bitteren Erfahrungen sprechen nicht gegen den Versuch, Verknüpfungen des Lebens aufzuhellen und nachzuzeichnen; sie sprechen aber gegen die Hoffnung, dies könne auch nur näherungsweise gelingen – und gegen die Anmaßung einer Computer-Ökologie, sie könne uns, wenn das Programm abgespult und die Ergebnisse ausgedruckt sind, sagen, was zu tun und was zu unterlassen sei.

Die Welt sei noch zu retten, schrieb kürzlich ein wohlmeinender Ökologe, man brauchte nur die Computer mit ökologischen Daten zu füttern. So einfach ist die Rettung eben nicht zu haben.

*

Das Federgeistchen, *Pterophorus monodactylus*. Aus ihrem Winterschlaf aufgestört, den sie unter trockenem Gebüsch gehalten hat, flattert die Motte hoch, taumelt umher, läßt sich gleich wieder nieder – und scheint im selben Augenblick verschwunden. Sie ist aber nicht verschwunden, sondern hat nur ihre im Flug schimmernden Flügel ganz schmal zusammengefaltet zu einem millimeterdünnen bräunlichen Strich.

Der Schmetterling, den man manchmal bei den ersten Frühjahrsarbeiten im Garten aufscheucht, gehört zur Familie der

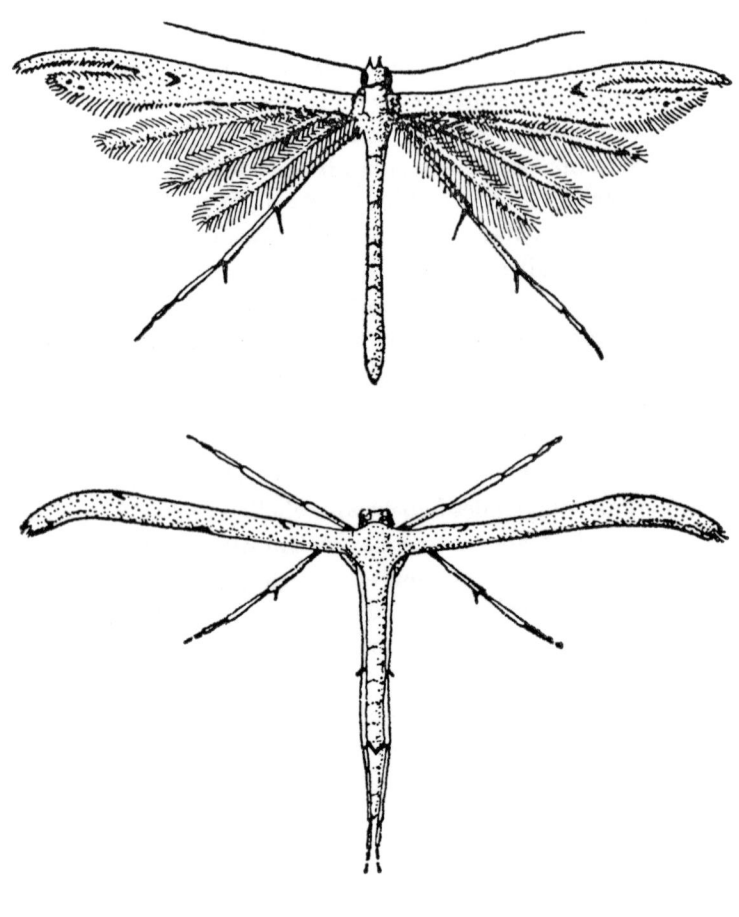

Federmotten und wurde zu einer Zeit, da man die Namen der Lebewesen gern noch etwas poetischer und anschaulicher wählte, Federgeistchen genannt. *Feder*geistchen deshalb, weil seine Hinterflügel tatsächlich fast wie Vogelfedern gebaut sind: Sie bestehen aus je drei schmalen Keulen, und diese sind von oben bis unten mit langen Haaren so besetzt wie der Schaft einer Vogelfeder mit Seitenästen. Man kann diese Hinterflügel nur ahnen, wenn man das Federgeistchen flattern sieht, denn sobald es sich niederläßt, verschwinden die Hinterflügel schier geisterhaft – nun nicht etwa, wie bei anderen Schmetterlingen, *unter* den Vorderflügeln, sondern regelrecht *darin*. Das heißt: die (nicht mit Haaren besetzten, häutigen) Vorderflügel falten sich längs in der Mitte zusammen wie die Klappen einer Muschel und bergen in dieser schmalen Tasche die drei federigen Glieder der Hinterflügel.

Die Erscheinung ist ganz und gar einmalig bei den Schmetterlingen, der sonderbare Mechanismus gehört allein dem Federgeistchen. Seine Raupen leben auf der Ackerwinde, einem lästigen Feld- und Gartenunkraut. Das ausgeschlüpfte Federgeistchen lebt von so gut wie nichts, überwintert im Verborgenen, legt im Frühsommer seine Eier an die Ackerwinde und stirbt dann. Die stoffliche und energetische Grundlage dieses Lebenszyklus wird fast ausschließlich von den Raupen besorgt.

Im Sinne einer kybernetischen Ökologie erscheint das Federgeistchen ganz unerheblich, es schlägt nicht groß zu Buche, genau genommen überhaupt nicht: Natürlich können die Raupen des Federgeistchens von Vögeln gefressen werden – aber wenn es das Federgeistchen nicht gäbe, würden die Vögel keineswegs verhungern. Und die Ackerwinde, deren unterirdische Rhizome ihr das Überleben sichern, wird von den Raupen des Federgeistchens, die sich von ihr nähren, nicht ernstlich in ihrer Ausbreitung gehemmt. Das heißt: Für die rechnerische Ökologie ist das Federgeistchen überflüssig bis dorthinaus.

Das spricht aber nicht gegen das Federgeistchen, sondern gegen eine Ökologie, die, kaum daß sie von den vielfältigen

Verkettungen des Lebens ein bißchen begriffen hat, gleich glaubt, sie könne es in ein großes Programm vom Walten der Natur umsetzen. Sie versteift sich aufs Berechenbare, forscht mit großer Genauigkeit den Bruchstücken von Wissen über offenkundige und verborgene Abhängigkeiten nach, fertigt darüber Statistiken und systemanalytische Diagramme an, leitet aus diesen wiederum Handlungsvorschriften, Gebote und Verbote ab – und hat doch, so vernünftig das alles sein mag, für entscheidend wichtige Aspekte überhaupt keine Begriffe in ihrer kybernetischen Sprache.

Wer weiß denn wirklich, ob nicht sogar das Federgeistchen in irgendeiner noch ganz unbekannten Weise eine große Rolle im »System« spielt, ob es also wirklich so entbehrlich ist, wie es dem Rechner erscheinen muß.

Und, wichtiger noch: Wo steckt denn in der ökologischen Kalkulation die Bewertung der ungeheuerlichen, aber »ökologisch irrelevanten« Tatsache, daß das Federgeistchen der einzige Schmetterling ist, der seine wie Vogelfedern gebauten Hinterflügel in der Klapp-Tasche seiner mit Längsscharnieren versehenen Vorderflügel verstecken kann?

Es kommt nicht vor in der Kalkulation. Stürben die Federgeistchen aus – die Ökologen würden es gar nicht merken, denn die Statistik würde davon kaum berührt und der Naturhaushalt litte nicht darunter, – aber: die Erfindung der federigen Hinterflügel in Verbindung mit den klappbaren Vorderflügeln wäre ein für allemal dahin.

Eben diese Qualität der *Einmaligkeit* entzieht sich einer ökologischen und systemtheoretischen Bewertung, die nur das Funktionieren streng definierter Teilkreisläufe im Auge hat, fixiert bleibt auf das Verhältnis von Ursache und Wirkung, von Jäger und Beute. Da sie die Federgeistchen aller Art übersieht, wird auch diese ganze Ökologie schließlich nichts dagegen ausrichten, daß die Welt zum Warenhaus verkommt und, wie alle Warenhäuser, irgendwann einmal den Räumungs-Schlußverkauf annoncieren muß.

Wenn, wie das derzeit geschieht, die großen Tropenwälder

82

teils verheizt, teils dem europäischen und amerikanischen Möbelhandel zugeführt werden und wenn auf den Rodungsflächen die Rinderherden weiden, aus deren Fleisch man Gehacktes für Schnellrestaurants macht, dann geht dort Tag für Tag im Durchschnitt eine Tier- oder Pflanzenart für immer unter, verschwindet einfach von dieser Welt, ohne daß eines Menschen Auge sie zuvor gesehen hat.

Aber die Ökologie kann diese gnadenlose Exekution nur beschreiben; sie kann ganze »Ökosysteme« aus ihren Listen streichen und vielleicht sogar, unter Mithilfe der Meteorologie, schlimme Folgen für das Leben in anderen Weltgegenden vage prognostizieren. Aber dafür, daß hier ungehobene Schätze vernichtet werden, unzählige Arten, die durch nichts anderes von Bedeutung sind als durch ihre Einmaligkeit oder ihre Schönheit – dafür fehlen der Ökologie die Worte: So wenig sie einen Begriff für die Einmaligkeit hat, so wenig sie also das Federgeistchen wirklich zu schätzen vermag, so wenig weiß sie, was Schönheit ist.

Dies ist der Ökologie nicht zum Vorwurf zu machen, denn sie beschäftigt sich mit dem Meßbaren, und Einmaligkeit und Schönheit sind nicht meßbar, sie haben keinerlei Bedeutung innerhalb ökologischer Kausalstränge, sie verursachen nichts und verhindern nichts; daß sie nicht weiter stören, ist das einzige, was sich ökologisch von ihnen sagen läßt – aber eben daran zeigt sich auch die Enge des ökologischen Blicks.

Was die Schönheit angeht, so hat diese freilich, wenn man alle Bedürfnisse des Menschen in die Betrachtung einbezieht, auch ihre »ökologischen« Funktionen. Aber die sind schwer zu fassen, nicht zu messen, auch wohl widersprüchlich. Die Schönheit einer Wüste, eines Berges oder eines Schmetterlings: wer wollte die Kausalketten beschreiben, die sich daran anknüpfen können – aber wer wollte leugnen, daß es solche Kausalketten gibt?

Am ehesten wird man noch die Folgen der Abwesenheit von Schönheit dingfest machen können. Ödheit und Tristheit als Ursachen für Krankheit, Unzufriedenheit, Hoffnungslosigkeit – auch dies ist Ökologie. Aber der Computer versagt sich der Verrechnung solcher Unwägbarkeiten. Weder die Häßlichkeit einer Straße noch der Duft einer Himbeere läßt sich dem Computer als Meßwert einspeisen, denn im Programm ist derlei überhaupt nicht vorgesehen.

Zwar trifft es sich nicht selten, daß das, was als das ökologisch Vernünftigere gilt, auch das Schönere ist: Der Bach, der seinen Lauf frei durch die Wiese sucht, ist sicher schöner als der begradigte Wasserlauf im Steinbett. Aber gerade hier zeigt sich die Fadenscheinigkeit der bloß ökologischen Argumentation: Auch der begradigte, an Lebewesen ärmere Bachlauf hat seine Ökologie, und da Vielfalt kein ökologischer Wert an sich ist, könnte auch kein Computer eine Begründung dafür errechnen, daß der unbegradigte dem begradigten Bachlauf vorzuziehen sei. »Vernetzte Systeme« sind sie alle beide, und was die »Stabilität« angeht, so ist der Bach im Steinbett dem im Wiesenbett womöglich überlegen, denn er ist nicht wie dieser der Verlandung ausgesetzt; in der Wiese verliert sich das Wasser leicht, der Bach wächst zu, sucht sich ein neues Bett, verschwindet gar in einem Trockenjahr und hinterläßt viele Leichen aller Art.

Daß alles mit allem zusammenhänge, ist die Lehre der Ökologie. Aber was denn wie genau womit zusammenhängt – das kann sie schon nicht mehr zweifelsfrei und einigermaßen lückenlos berichten. Und jedes Wort, das über die Konstatierung solcher Zusammenhänge hinausgeht, jede Wertung, jede Absicht, jede Empfehlung und jedes Verbot ist nicht mehr durch die Argumente der Wissenschaft gedeckt, sondern bedarf einer Begründung von anderswoher.

Noch der unnatürlichste Vorgang ist schließlich ein »ökologischer«, noch der schmerzlichste Eingriff in die Natur eine ökologische Tat, und wenn sie als schmerzlich gewertet wird, etwa weil sie Schönes und Unwiederbringliches verwüstet – dann läßt sich das eher metaphysisch als ökologisch begründen, nämlich eher aus dem Glauben an eine uns nur zum Lehen gegebene Schöpfung als aus der Ökologie, die dem Darlehensnehmer lediglich Auskunft über die Methoden kaufmännischen Rechnens gibt.

So ist zum Beispiel auch der Protest gegen die dritte Startbahn des Frankfurter Flughafens nicht, wie man oft zu hören bekommt, ein »ökologischer«, als vielmehr ein verzweifelter Aufschrei im Angesicht großmannssüchtigen Frevels, und die da protestieren, können und brauchen sich nicht auf die Ökologie zu berufen, so wenig wie der Fischer, als er syner Fru den Griff nach Gottes Thron auszureden versuchte, sehr wohl ahnend, daß dann alles wieder beim Pißpott enden werde.

Um diese Welt zu retten, brauche man nur die Computer mit den ökologischen Daten zu füttern, schrieb der wohlmeinende Ökologe.

Eben nicht. Die ökologischen Daten sind unvollständig, die Maße und Gewichte der Ökologie reichen nicht aus, um danach abzuwägen, wie wir uns künftig in dieser Welt verhalten sollen. Die Computer rechnen genauso an den Bedingungen unseres Lebens vorbei, wie bisher schon mit katastrophalen Ergebnissen daran vorbeigedacht und vorbeiproduziert worden ist. Die Ökologie ist gegenüber dem technokratischen Mißbrauch genauso anfällig wie alle vor-ökologische Wissenschaft, weil sie dem Ideal der Zweckmäßigkeit genauso huldigt – nur mit dem winzigen Unterschied, daß sie ein paar zuvor übersehene Unzweckmäßigkeiten berücksichtigt und der kurzfristigen Zweckmäßigkeit die langfristige hinzufügt – was zweifellos ein Fortschrittchen ist.

Dem Un-Berechenbaren kommt man auch mit den Rechenmaschinen nicht auf die Spur, und eine ökologische Moral, welche die Gebrauchsanweisungen zur Handhabung der Welt gegen Einwurf von Daten dem Computer entnimmt, unterscheidet sich von der noch geltenden Unmoral der Auspowerung nur dadurch, daß sie nicht in Heller und Pfennig, sondern in bits rechnet – was unterm Strich auf dasselbe hinausläuft, nämlich auf die Pleite.

Erst jüngst hat ein hochangesehener Ökologe eine Studie

veröffentlicht, die als ökologischer Schiedspruch gedacht war und doch nur die Inkompetenz der Ökologie enthüllte.

Die Studie trägt den Titel »Ökologie und Straße«, und ihr Verfasser unternimmt es, die Auswirkung des Straßenbaus auf Ökosysteme zu erforschen. Die Straße, so findet er, bedeute zunächst einen Eingriff in das vorhandene System und zerstöre alteingesessene Lebensgemeinschaften. Nach mehr oder weniger langer Zeit bilde sich indessen ein neues System, ähnlich stabil wie das voraufgegangene und auch ähnlich artenreich. Zitat:

»Von Großwäldern, Feuchtbiotopen und anderen seltenen Lebensräumen abgesehen, sind die Auswirkungen von Straßen, insbesondere von Autobahnen, auf Fauna und Flora weniger nachhaltig und nachteilig als oft angenommen wird.«

Um nachzuweisen, daß sich nach der Zerstörung einer Lebensgemeinschaft eine neue wieder aufbaut, braucht man freilich keine wissenschaftliche Studie zu unternehmen, denn dies ist eine ökologische Binsenweisheit. Und nicht einmal der Hinweis, daß die Artenzahl fast gleich geblieben ist, kann irgendein Maß dafür abgeben, ob jener Eingriff harmlos oder doch zerstörerisch gewesen ist, vernichtend in einem mehr als »ökologischen« Sinne.

Die ungeheure Brutalität eines Straßenbaus, der alles Leben (und nicht nur »Flora und Fauna«) auf mehrerlei verschiedene Weise beeinträchtigt und jede zusammenhängende Landschaft in ein Mosaik aus Enklaven und Exklaven verwandelt, eine technokratische Grausamkeit von tödlicher Konsequenz, wird hier unter dem viel zu hoch gegriffenen Titel »Ökologie und Straße« so bagatellisiert, wie es den Auftraggebern der Studie gerade recht sein konnte:

Die Auftraggeber waren nämlich die »Deutsche Straßenliga« und das Hessische Landesamt für den Straßenbau. Sie waren beide mit der ökologischen Unbedenklichkeitsbescheinigung hochzufrieden, wiewohl die Studie doch gar nicht die Unschädlichkeit der Straßen beweist, sondern die Gemeingefährlichkeit einer Wissenschaft, welche die Beschränktheit ihres

Horizonts als die Tugend der Objektivität ausgibt und sich er-
frecht, ein paar Daten über Fauna und Flora links und rechts
von einem Straßenband als Kriterien für ökologische Zuträglichkeit anzubieten.

Weit wichtiger als alles, was die Ökologie uns über die rech-
nerischen Zusammenhänge des Lebens mitzuteilen vermag, ist
die Fülle dessen, was sie uns nicht mitteilen kann, weil sie es
gar nicht weiß. Und wenn die Ökologie überhaupt zu unserem
Überleben beitragen kann, dann dadurch, daß sie uns Tag für
Tag ihre Ohnmacht und Unwissenheit einbekennt, die Lücken-
haftigkeit ihrer Daten, ihre Unzuständigkeit für alles, was über
den platten – notfalls beliebig definierbaren – Nutzen oder
über den bezifferbaren Schaden hinausgeht.

Nicht an unseren fadenscheinigen Detailkenntnissen hätte
sich unser Handeln in der Natur zu orientieren, sondern an unseren Unkenntnissen; da ließe sich der gröbste Unfug, zu dem
die Kenntnisse mißbraucht werden, vielleicht vermeiden.

Nimmt man die Unwissenheit zum Maßstab, die Unfaßbarkeit der vielfältigen Zusammenhänge, die Unermeßlichkeit der
niemals ganz aufzudeckenden Lebensbezüge, dann verschwindet das dürre Gerüst ökologischer Regelwerke und Diagramme
und Stoffbilanzen hinter dem Bild des großen unbegreiflichen
Gartens.

Die Vielfalt, die sich da überwältigend darbietet, ist nicht
mehr jene zweckmäßige Diversität aus verrechenbaren Faktoren, von der die Ökologen künden, sondern ein Reichtum weit
jenseits aller Zweckmäßigkeit. Und das Einmalige, das Federgeistchen, ist nicht mehr die quantité négligeable, die im Com-
puterprogramm zur Nichtigkeit verkommt, sondern es wird geradezu zum Sinnbild dessen, was weit oberhalb aller ökologischen Rechnungen steht und mit der Einmaligkeit zugleich den
Frevel symbolisiert, den die Vernichtung des Einmaligen bedeutet.

Der Versuch, mit Hilfe der ökologischen Wissenschaft einem
so metaphysischen Bekenntnis zu entkommen wie dem, daß
man aus der Scheu vor dem Unbegreiflichen jedem Lebewesen

sein Recht zubilligt und seine Vernichtung als einen Frevel ansieht, dessen Verächtlichkeit nicht weiter begründet werden muß, – der Versuch, einem solchen Bekenntnis dadurch zu entgehen, daß man sich auf die Mitteilungen einer Wissenschaft beruft, muß fehlschlagen und bewirkt im schlimmsten Fall das genaue Gegenteil des eigentlich Erwünschten.

(Da fängt sich nämlich oft genug die ökologische Beweisführung in den eigenen Argumentationsfäden: Zum Beispiel spricht einiges dafür, daß es mit der ökologischen Nützlichkeit der Straßenbäume in der Stadt gar nicht so weit her ist, weil ihre Sauerstoffproduktion dem Sauerstoffverbrauch einigermaßen die Waage hält. Wer ökologisch argumentiert, muß dann einräumen, daß die Bäume eigentlich entbehrlich sind und ihre Vernichtung durch winterliche Streusalzgaben vom ökologischen Computer gar nicht als Verlust bewertet werden kann.)

Andererseits muß auch eine Wissenschaft scheitern, der man es auferlegen wollte, Vernunftgründe für nicht weiter begründbare und auch nicht begründungsbedürftige Ziele und Wertvorstellungen zu liefern, Rechtfertigungen zu beschaffen für die Bewahrung eines nicht von uns gemachten Reichtums an Gestalten und Lebensvollzügen; sie muß an dieser Zumutung scheitern, entweder, weil ihre Argumente nicht weit genug reichen, um das Federgeistchen zu verteidigen, oder weil diese Wissenschaft sich, blind für die angeborenen Schwächen kybernetischer Weltbetrachtung, kundig dünkt, wo sie ahnungslos ist, aufgeklärt, wo sie im Dunkeln tappt, bevollmächtigt, wo sie ohnmächtig ist.

Mit der Ökologie allein kommt man nicht weit. Zu allen Schwächen eines »ökologischen« Denkens, welches die Gebrauchsanweisungen für die Welt-Maschine zu formulieren trachtet, kommt noch eine letzte Schwierigkeit, die, von einer anderen Seite her, ihre Schatten auf das Bild einer zum Handwerkzeug tauglichen ökologischen Wissenschaft wirft:

Wir müssen den Garten der Welt bestellen, wenn wir darin überleben wollen. Und selbst wenn wir bescheiden sind und, anders als alle anderen Lebewesen, *nicht* rücksichtslos und selbstsüchtig nur auf die eigene Vermehrung und Verbreitung aus sind, müssen wir doch unablässig gegen »natürliche« Zusammenhänge handeln. Wir müssen durch Eingriffe aller Art immer wieder irgendetwas zu verhindern trachten, was »die Natur« von sich aus praktizieren möchte, und wir müssen immer wieder versuchen, ihr etwas abzuverlangen, was sie von sich aus gar nicht gäbe.

Der simpelste Kopfsalat, den wir, durch Züchtungszwang und gute Behandlung, dahin bringen, unmäßig viel Blattwerk zu entwickeln und den wir dann noch daran hindern, zu blühen wie er eigentlich will, ist streng genommen ein ökologischer Sündenfall, eine widernatürliche Einzwängung – und wahrhaftig nicht die einzige, die nötig ist für unsere Existenz. Wir handeln fortwährend »unökologisch« in dem Sinne, daß wir die Natur veranlassen, zu unseren Gunsten etwas ganz anderes hervorzubringen als sie ohne unser Zutun hervorbrächte.

Die Forderung, solchen Umgang mit der Natur gefälligst an den »ökologischen Zusammenhängen« zu orientieren, führt geradenwegs zurück zu der schlichten Feststellung, daß alle Zusammenhänge auf ihre Weise »ökologisch« sind und daß man demnach nicht mit Wissenschaft, sondern nur mit vorwissenschaftlichen oder außerwissenschaftlichen Wertungen und Maßstäben entscheiden kann, daß und warum man das eine für erlaubt und das andere für verwerflich hält.

Die Lehre der Ökologie ist ja nicht die Moral, daß jedes Lebewesen seinen angemessenen Anteil an der allgemeinen Harmonie abbekommt, sondern: daß jedes Lebewesen das Äußerste zu erlangen trachtet und erst einhält, wenn es von den Verhältnissen in seine Schranken gewiesen wird.

Da ist es nichts weiter als subtiler Luxus, eine Abart rustikalen Kunstgewerbes von geringem Erkenntniswert und noch geringerer praktischer Bedeutung, wenn der holländische Ökologe Louis G. LeRoy dafür plädiert, die Brennesseln hinterm Haus wachsen zu lassen, bis sie irgendwann von irgendwelchen anderen Pflanzen verdrängt werden, oder in öffentlichen Grünräumen den Wildwuchs zum Prinzip zu erheben und zuzusehen, was denn passiert, wenn man die Natur selber machen läßt. Gewiß hat das alles seinen Reiz, und sogar manche Gartenamtsvorsteher, die bei LeRoy hereinschauten, waren von dieser selbsttätigen Ökologie angetan. Aber für die Auffindung des schmalen Weges zwischen notwendigem Gebrauch der Natur und verwerflichem Verbrauch ist es wenig hilfreich, aus LeRoys vielgelobten Wildwuchs-Anlagen schließlich doch nur die platte Einsicht mitzunehmen, daß da, wo man etwas wachsen läßt, immer etwas wächst.

Die Vorstellung vom Sich-Einfügen in eine sanft von selber fortschreitende und sich regulierende Natur ist ein naives Wunschbild. Und was man neuerdings »Ökopax« nennt, also eine Art Kompromißfrieden mit der Natur, ist zumindest so lange keine Lösung des Dilemmas, wie auch diese Friedensregelung wieder nur aus einer Sammlung schlauer Vorschriften besteht, die sich auf ökologisches Expertenwissen gründen und nicht als Prämisse und Präambel die Unbegreiflichkeit einführen, – wodurch zugleich der unentschuldbare Frevel jenseits der ökologischen Zweckmäßigkeit zum konstitutiven Element der Friedensregelung würde.

Jene Indianer, die den Geist des Baumes um Vergebung baten, ehe sie die Axt anlegten, waren dem Verständnis der Spannung zwischen dem Lebensrecht aller Wesen und dem lebensnotwendigen Vergehen gegen dieses Recht so nahe wie nur möglich, und dem Ausweg daraus waren sie jedenfalls näher als die Gartenfreunde, die sich schon ungemein ökologisch dünken, wenn sie die Schnecken vom Salat absammeln und in kochendem Wasser verbrühen, statt sie mit Gift zu vertilgen – und die dabei doch vergessen, wie sich dieser Vorgang im ökologischen Verständnis der Schnecken selber ausnimmt: nämlich als existentielle Katastrophe.

Mit der Ökologie allein kommt man nicht weit. Da bleiben, wieder einmal, die Experten unter sich und klügeln das Optimale aus, Irrtum vorbehalten. Die Ökopax, der Friede mit der Natur, wenn er denn geschlossen werden soll, ist aber kein kybernetisch zu bewältigender Optimierungsvorgang, kein Rechenexempel mit bekannten oder noch zu ermittelnden Zahlen, sondern ähnelt viel eher einem verschlungenen Weg durch unbekanntes Gelände, in dem man nicht mehr Bäume umhackt, als nötig ist, um den Gang fortzusetzen.

Mit der Ökologie allein kommt man nicht weit. Und tatsächlich verbirgt sich denn auch bei den meisten derer, die unter dem Losungswort »ökologischen« Handelns das Umschwenken proben, hinter dem Begriff des Ökologischen die Einsicht in die Unbegreiflichkeit, die Scheu vor dem Frevel und das Mißtrauen gegenüber den Fachleuten, unter deren Händen die Welt ein Apparat bleibt, den nur sie zu bedienen vermögen.

Aber wo derart über die Ökologie hinausgedacht wird, bilden sich nur Inseln in einem Ozean der Verwüstung, entstehen verkleinerte Spiegelbilder einer Welt, wie man sie einrichten könnte, wenn man die Chance hätte, noch einmal ganz von vorne anzufangen. Weithin vernehmbar tönt von den Inseln der Ruf zur Umkehr, und die da rufen, sind im Recht. Aber ihre Rufe sind das Echo künftiger Untergänge.

Denn wenn das, was da verzweifelt und ingrimmig versucht wird, noch irgendeinen Einfluß auf das künftige Schicksal des Planeten haben sollte, dann müßte es in allen Weltgegenden Geltung erlangen – und zwar von der nächsten Stunde an.

Die Hoffnung darauf wäre so absurd wie grausam.

Sie wäre absurd, weil die Strukturen des Produzierens und Konsumierens zwischen Grönland und Feuerland, zwischen Haiti und Marseille so festgefügt sind, daß keine Macht der Welt, am wenigsten aber vernünftige Einsicht sie aufzulösen vermöchte. Die Tyrannei der Weltökonomie ist wohlbegründet, die Begehrlichkeit als Lebensprinzip allgemein anerkannt; die Freiheit, auch die letzten Ressourcen dieser Welt zu verpulvern, gilt allenthalben als nicht aufgebbare Grundlage zivilisierten Lebens, und wenn es dabei Schwefelsäure regnet – was ja keine scherzhafte Übertreibung, sondern die reine Wahrheit ist – dann würde man jemanden, der die Notbremse zieht, steinigen, weil er einen Zug aufhält, von dem man freilich immer weniger weiß, wohin er eigentlich fahren soll.

Tatsächlich sind ja Notbremsungen nicht ganz ungefährlich für die Passagiere, und was die Menschheit angeht, so ist sie vom ununterbrochenen Funktionieren zahlloser eingespielter Abläufe – und mögen diese noch so schwachsinnig sein – derart abhängig geworden, daß eine Notbremsung schlechterdings eine Katastrophe wäre, die Leib und Leben von Millionen und Abermillionen Menschen bedrohen würde. Darin liegt die Grausamkeit der Hoffnung auf Umkehr.

Mit unseren wohlerwogenen, auf Schonung der natürlichen Ressourcen und gar auf Erhaltung von Schönheit und Einmaligkeit gerichteten Empfehlungen verursachen wir nichts als Gelächter bei allen, deren ganze Existenz sich auf den möglichst schnellen Verbrauch eben jener Ressourcen gründet; und auch die Hungernden dieser Welt hören aus dem Ruf zur Umkehr nur ihr eigenes Todesurteil heraus.

Natürlich werden die Hungernden verhungern, wenn wir so weitermachen wie bisher – aber sie müßten *auch* verhungern, wenn es gelänge, mit der gebotenen Schnelligkeit im letzten Augenblick das radikale Umschwenken zu vollziehen.

Hoffnung, wenn es sie gibt, kann sich da nicht mehr auf irgendein noch so sehr aus seiner biologischen Enge befreites ökologisches Denken richten, nicht auf eine weltumfassende Erleuchtung über den Frevel (der eine ganz andere Dimension hat als der ökologische Fehltritt), – Hoffnung kann sich nur noch darauf richten, daß jene Strukturen und Systeme, mit denen wir den Reichtum der Erde zuschanden machen und mit deren Hilfe wir die Völlerei zum Prinzip erheben konnten, zusammenbrechen, bevor sie uns ganz vernichten, – daß die mörderischen Industrien, die uns mit Frühstücksbrettchen aus tropischen Hölzern, mit Plastikflaschen und Videobändern, mit Klosettspülmitteln und Pestiziden, mit batteriebetriebenen Intimmassagestäben und atombetriebenen Unterseebooten beliefern und noch für den ärmsten Staat der Dritten oder Vierten Welt ein paar Schiffsladungen Milchpulver und Schnellfeuergewehre übrig haben, – daß diese Industrien mitsamt ihren Infrastrukturen scheitern, bevor die Erde ganz ausgeräubert und ihre Bevölkerung vergiftet ist.

Das ist eine kleine Hoffnung, die der Armut gilt, und es ist keine fröhliche Hoffnung, weil sie Tod und Elend einschließt.

Das vernichtende Scheitern der Vernichter: das ist nun eine durch und durch ökologische Konsequenz, eine Selbstregulation des irdischen Zivilisationssystems, und alles hängt davon ab, ob die auf Hochtouren laufende Maschinerie der Selbstvernichtung so rechtzeitig auseinanderfliegt, daß sie ihr eigentliches Zerstörungswerk nicht mehr vollziehen kann und daß die Welt, gerade eben am Untergang vorbei, in namenloser Armut versinkt, doch so, daß hie und da versprengte Häuflein übrigbleiben, die sich dann von neuem auf den Weg machen. Vielleicht: auf einen wirklich neuen, anderen Weg.

Und sollte das Federgeistchen überleben, dann nicht durch irgendwessen ökologische Schlauheit, sondern nur: durch den rechtzeitigen Konkurs.

Katastrophen-Kunde

Die Katastrophen dieser Welt zerfallen in zwei Gruppen: Es gibt Katastrophen, die sich bereits ereignet haben und solche, die sich noch ereignen werden; die letzteren zerfallen wiederum in zwei Gruppen: Katastrophen, von denen man weiß, daß sie sich ereignen werden und solche, von denen man es noch nicht weiß – und vielleicht nicht einmal ahnt.

Schon aus diesem flüchtigen Überblick erhellt, daß die Katastrophen ein weites Feld und der wissenschaftlichen Bearbeitung bedürftig sind. Wenn vor kurzem das erste Heft einer Fachzeitschrift für Katastrophen erschien, so ist daran nur die Tatsache erstaunlich, daß es erst vor kurzem erschien. DISASTERS, wie die im Verlag Pergamon Press in Oxford veröffentlichte Zeitschrift heißt, kommt ziemlich spät, und daß sie viermal im Jahr erscheint, läßt überdies befürchten, daß sie die Masse des vorhandenen und des Tag für Tag neu anfallenden Materials kaum je wird aufarbeiten können.

DISASTERS soll nach dem Willen der Herausgeber ein Forum für die interdisziplinäre Entwicklung einer »Katastrophen-Technologie« sein, soll die Ursachen und Abläufe von Katastrophen erforschen und damit die Möglichkeiten der Voraussage und der Nothilfe verbessern. Das ist keine anheimelnde Lektüre. Schon im Inseratenteil herrscht Katastrophen-Stimmung: Da werden Zählapparate für Beta- und Gammastrahlung angeboten, Wassersäcke für Feuersbrünste, tropenfeste Taschenmikroskope für die Choleradiagnose und Tabletten zur Verwandlung nicht trinkbaren Wassers in trinkbares, während im Textteil, unter anderem, die Vor- und Nachteile bestimmter Typen von Notnahrung und von Notunterkünften diskutiert werden. Eine unscheinbare Statistik in einem der Beiträge zeigt, wie bitter nötig das alles ist und wie berechtigt die dumpfe Ahnung des Zeitungslesers, daß die Welt mit jedem Tag mehr Unheil hervorbringt: In den drei Jahrzehnten von 1920 bis 1950 gab es auf der ganzen Welt durchschnittlich eine große Naturkatastrophe im Jahr, in den beiden darauffolgenden Jahrzehnten fast zehn im Jahr, und neuerdings liegt der Jahresdurchschnitt schon bei dreizehn.

Man mag einwenden, daß das stetig wachsende Interesse am Unglück der anderen und die entsprechend perfektionierten Möglichkeiten der Nachrichtenübermittlung immer mehr und mehr Ereignisse bekanntgemacht haben, die sich früher ohne Anteilnahme des Weltfernsehpublikums ereigneten; aber die Autoren der Statistik haben diese Fehlerquelle bereits berücksichtigt, und selbst wenn man noch einmal etwas abzieht, bleibt die Zunahmerate der Katastrophen beachtlich.

Das ist auch gar kein Wunder, denn vieles von dem, was wir als Naturkatastrophe anzusehen gewohnt sind, ist in Wahrheit menschengemachtes Unheil, und daß die Fähigkeit der Menschen, Unheil herbeizuführen, mit den Jahren zugenommen hat, kann ja nicht bezweifelt werden. Ein Beispiel nur: Als in Honduras die fruchtbaren Talniederungen für amerikanische Bananenplantagen aufgekauft wurden, wichen die kleinen Bauern auf die bis dahin unbesiedelten Hänge aus; achttausend von ihnen wurden mit ihren Häusern weggespült, als die Regenfluten des Hurrikans Fifi im Jahre 1974 die Hänge ins Rutschen brachte. Auf solche Weise entstehen viele »Natur«-Katastrophen. Es ist ja wahr, daß die Natur den Hurrikan gemacht hat, aber daß er die Bauern wegreißen konnte, ist nicht dem Walten der Natur, sondern dem der United Fruit Company, Boston/Mass., zuzuschreiben. Die Bauern von Honduras sind nicht die einzigen, die zum Wohle der Weltwirtschaft in zuvor gemiedene Gebiete abwandern mußten und dort mit Sturmfluten, Dürre und unfruchtbarem Boden zu kämpfen haben, und solche Vertreibungen sind natürlich auch nicht der einzige Grund dafür, daß die Zahl der Katastrophen und die der Opfer ständig wächst. Es kommt hinzu, daß die Kolonialisierung (samt ihren maskierten Abarten) alle hergebrachten Lebensstrukturen rücksichtslos zerstört und damit auch das ganze Repertoire von Verhaltensweisen vernichtet hat, mit denen sich die Menschen den klimatischen und anderen natürlichen Gegebenheiten ihrer Heimat angepaßt hatten. Der Katastrophen-Forscher Ben Wisner von der University of Sussex berichtet in einem Aufsatz in der Zeitschrift DISASTERS zum Beispiel über fünfundsiebzig verschiedene Tricks und Strategien, mit denen man in Kenya der Dürre zu begegnen pflegte. Die von fremden Mächten oktroyierten ganz anderen Prinzipien des Lebens und Produzierens ließen diese eingeübten Verhaltensstrategien verkommen. Dadurch aber, so schreibt Wisner, entstand eine Verwirrung und Ratlosigkeit, deren schlimmste Folge etwas ist, was er »decision pathology« nennt, die Unfähigkeit zu planvoll überlegtem Handeln und die Neigung, beharrlich das Falsche, das Unvernünftige zu tun. Daß bei einer solchen inneren Verfassung die Verwundbarkeit wächst, leuchtet ein. Was vorher mit den Mitteln des eigenen Wissens, mit »people's science«, bewältigt werden konnte, wird jetzt zur tödlichen Bedrohung, und am Ende steht bestenfalls die karitative Hilfe, auf deren Gewährung sich diejenigen noch etwas zugute tun, die schuld daran sind, daß sie überhaupt nötig wurde.

Zusammenfaltbare Häuser, schmackhafte Trockennahrung und wirksame Wasserreinigungstabletten, so wohltätig sie sein mögen, erscheinen so in einem anderen Licht: Der Hilfe, die da gewährt wird, ist die unnachsichtige Demolierung von Lebensstrukturen vorausgegangen, die ohne fremden Beistand haltbar waren.

Das ist eine der Lehren, welche die neue Katastrophen-Kunde erteilt. Eine andere hat, zugegeben, mehr den Charakter einer düsteren Ahnung. Wer die Seiten von DISASTERS durchsieht und von den Ursachen und Begleitumständen exotischer Katastrophen liest, wird irgendwann erschrecken bei der Wahrnehmung, daß es Parallelen gibt: Die Zerstörung höchst sinnvoller und zweckmäßiger Strukturen des Lebens, Produzierens und Wirtschaftens zugunsten angeblich effektiverer Mechanismen, die daraus sich ergebenden Abhängigkeiten sind ja keineswegs auf die sogenannten Entwicklungsländer beschränkt; die Beschreibung paßt genausogut auf die industrialisierten Länder, mit dem einzigen Unterschied, daß daraus noch kaum Katastrophen entstanden sind. Der Verdacht ist nicht aus der Luft gegriffen, daß, wenn einmal einer der Stricke reißt, mit denen das große Zirkuszelt der Industriegesellschaft festgezurrt ist, Hilflosigkeit und schierer Egoismus, Panik und Unvernunft als Folge des Verlustes alteingeübter Fertigkeiten genauso wirksam werden wie jetzt schon anderwärts – nur daß dann niemand da ist, der uns Wassersäcke, Zelte und Decken schickt. Die Strukturen unseres Lebens haben an Stabilität so viel verloren, wie sie an Komplexität zugenommen haben, doch ist der Verlust noch kaum bemerkt worden, weil die Komplexität zumeist als Steigerung des Lebensstandards verbucht werden konnte. Inzwischen hört man hie und da den Sturm am Zirkuszelt zerren, und die Betrachtung dessen, was wir in anderen Regionen angerichtet haben, verstärkt die Befürchtung, daß die Vorstellung bald abgebrochen werden muß. Die Prinzipien, nach denen die Paralysierung tropischer Gemeinwesen, Sozialmuster und Lebensweisen erfolgte, sind den hierorts praktizierten täuschend ähnlich. DISASTERS, die neue Zeitschrift über Katastrophen-Theorie und -Praxis, kommt für die Entwicklungsländer schon reichlich spät. Vielleicht sollte man sie als eine Zeitschrift für unsere eigene Zukunft lesen.

II
Genetik und Verwandtes

Das patentierte Bakterium

Der amerikanische Konzern General Electric, der sich, wie man weiß, nicht ausschließlich mit Elektrischem beschäftigt, hat sich etwas ganz und gar Un-Elektrisches patentieren lassen: ein Bakterium, und zwar eines, das willens und imstande ist, sich von Kohlenwasserstoffen zu nähren, also, zum Beispiel, von dem Erdöl, das aus dem Tanker *Amoco Cadiz* an die Küste der Bretagne gespült worden ist.

Der in den Diensten der General Electric stehende Mikrobiologe Ananda M. Chakrabarty hat das Bakterium erfunden – das heißt, er hat es natürlich nicht so erfunden, wie man sonst etwas Patentfähiges erfindet, eine Melkmaschine oder einen Eierkocher, sondern er hat mit den Mitteln der genetischen Manipulation einem bis dahin nicht weiter bemerkenswerten Bakterium Teilstücke aus dem Erbprogramm anderer Organismen einokuliert, und mit diesem Handwerkszeug kann das neue Bakterium nun jenes Erdöl verdauen, das nicht den Weg zum Autofahrer gefunden hat, sondern unterwegs abhanden gekommen ist. Fischerei und Touristik würden das Erscheinen eines solchen Nothelfers freudig begrüßen, während es, jetzt und auch in den noch zu erwartenden künftigen Fällen, für Fische und Vögel und andere Lebewesen wahrscheinlich meistens zu spät käme.

Daß es solche ölfressenden Bakterien gebe, davon hatte man hie und da schon gehört, ja, ernsthafte Menschen hatten ihr Vorhandensein bereits als Beweis dafür ausgegeben, daß Warnungen vor Ölkatastrophen nur aus Ökohysterie geboren sein könnten; doch scheinen, nach den Ergebnissen in der Bretagne zu urteilen, diese Bakterien noch nicht serienreif zu sein. Da kommt Chakrabartys Neukonstruktion gerade recht, und seiner weltweiten Verwendung sollte nichts mehr im Wege stehen, nachdem der Court of Customs and Patent Appeals in Washington, das oberste Patentgericht, entschieden hat, daß das Bakterium patentfähig sei – was nichts anderes heißt, als daß es zum Alleineigentum der Firma General Electric erklärt wird. Wer davon Gebrauch machen will, weil ihm ein Ölteppich vor die Tür gelegt worden ist, der darf sich das Bakterium nicht einfach vom vorigen Ölteppich abkratzen, sondern er muß es bei General Electric bestellen und jede Gallone davon teuer bezahlen.

Die Vorstellung, daß man ein Lebewesen patentieren kann, erscheint absurd – auch wenn dieses Wesen von Mr. Chakrabarty nach einem vorgefaßten Plan zusammengebastelt worden ist. So hatte denn auch vor dem Spruch des obersten Patentgerichtes ein niederes Patentgericht das Ansinnen der General Electric rundweg abgelehnt, mit der einleuchtenden Begründung, man könne auf einen biologischen Organismus kein Patent nehmen. Aber das oberste Patentgericht hielt dem entgegen: daß das 1790 erlassene Patentgesetz jede »Herstellung oder Zusammensetzung von Materie« *(manufacture or composition of matter)* für patentierbar erklärt habe, und ein Bakterium sei eben aus Materie zusammengesetzt; daß diese Materie lebendig sei, habe, so sagte das oberste Patentgericht, nicht die geringste patentrechtliche Bedeutung.

Der Richterspruch, so abwegig er erscheinen mag, ist nichts weiter als die Anwendung des molekularbiologischen Prinzips von der rein physikalisch-chemischen Natur des Lebens auf das Patentrecht, woraus erhellt, wie nützlich eine wissenschaftliche Lehrmeinung für Handel und Gewerbe sein kann. Um ganz deutlich zu machen, daß etwas, was lebendig ist, nicht dadurch schon gegen patentrechtliche und industrielle Vereinnahmung gefeit ist, fügte das oberste Patentgericht hinzu: »Wir sehen keinen vernünftigen Grund dafür, den Patentschutz für Mikroorganismen zu verweigern, denn diese sind eine Art von Werkstoff, der in der chemischen Industrie auf die gleiche Weise Verwendung findet wie chemische Elemente und Verbindun-

gen, von denen man nicht annimmt, daß sie lebendig sind ...
In bezug auf Wesen und Verwendungsweise sind die Bakterien
den unbelebten chemischen Verbindungen weit ähnlicher als
etwa Pferden oder Bienen oder Himbeeren ...«

Der biologische Reduktionismus, die Physikalisierung des
Lebendigen, erweisen sich, indem sie die Patentierbarkeit von
Organismen ermöglichen, als ökonomisch überaus nützlich –
so wie seinerzeit der Darwinismus gerade recht kam, um die
Unabänderlichkeit sozialer Übelstände wissenschaftlich zu
rechtfertigen. Eines greift da ins andere, und heraus kommt
immer ein guter Schnitt.

Geradezu lächerlich muß gegenüber der höchstrichterlichen
Selbstgewißheit der Gedanke erscheinen, auf den man ja immerhin kommen könnte: daß die Firma General Electric der
um den Gesundheitszustand ihrer Weltmeere bangenden
Menschheit das ölfressende Bakterium einfach zum Geschenk
macht. Das wäre geradezu ein Akt der ausgleichenden Gerechtigkeit, weil ja die Gefahr für die Meere von eben jenem Öl
ausgeht, dessen Verfügbarkeit und exzessive Ausbeutung eine
Firma wie General Electric überhaupt erst richtig florieren
läßt. Aber es gehört eben zu den Prinzipien der Industriewelt,
daß sie nicht nur an den Schäden verdient, welche sie verursacht, sondern auch an deren Reparatur – soweit die Barmit-
tel der Betroffenen oder der Haftenden ausreichen, um die
Reparatur zu bezahlen. Leicht ließe sich denken, daß die Paten-
tierung ölfressender Bakterien und die Nötigung zur Lizenz-
Zahlung ein Hindernis für die erwünschte Verbreitung und
Benutzung der Erfindung darstellt.

Ananda Chakrabartys Öl-Bakterium als lizenzfreies Geschenk an die Menschheit: das wäre auch insofern ein einleuch-
tender Gedanke, als Chakrabarty das Bakterium nicht direkt
erzeugt, sondern aus einem vorhandenen unpatentierten Bakterium entwickelt hat, mit Hilfe von Vererbungspraktiken, die
gleichfalls vorhanden und nicht etwa mit der Zahlung von
Lizenzgebühren an Mutter Natur verbunden sind. Es war, so
zeigt sich jetzt, nicht weise von Mutter Natur, die Menschen

mit den Lebewesen (und den Dingen) lizenzfrei umgehen zu lassen. Hätte sie sich von vornherein für jede Form der Nutzung und Benutzung eine Gebühr ausbedungen, so müßte nicht nur die Firma General Electric, ehe sie Lizenzgebühren für »ihr« Bakterium verlangt, erst einmal selber die Gebühr für Zuchtobjekte und Vererbungsmethoden abführen, sondern es hätte sich wohl auch längst ein Fonds angesammelt, aus welchem die Ölteppichaufrollung vor der Bretagne spielend zu bezahlen wäre, und vieles andere dazu...

Das ölfressende Bakterium ist nur der erste Anfang genetischer Bastelkunst. Sowohl General Electric als auch alle anderen beteiligten Firmen werden uns noch manches Einschlägige bescheren, und das wird weit hinausreichen über den Bereich der Bakterien, es wird dereinst auch den Menschen betreffen. Wenn sich die Auffassung des obersten Patentgerichts in Washington durchsetzt, daß jedes Lebewesen, das seine Eigenart genetischer Laborkunst verdankt, durch Patent zum Eigentum der Erzeuger erklärt werden kann, dann werden noch ganz andere Kreaturen patentiert werden – und jene Zuchtmenschen, deren Hervorbringung die führenden Genetiker der Welt noch vor 15 Jahren für demnächst möglich erklärten, inzwischen freilich lieber als freie Erfindung von Sensationsjournalisten abtun – jene Zuchtmenschen werden wohl einen Teil ihres Einkommens darauf verwenden müssen, die Lizenzgebühren abzustottern für die Verfahren, mit deren Hilfe sie erzeugt worden sind.

Hühnerzähne
im Mäuseauge

Hühner sind Vögel und Vögel haben keine Zähne, also haben auch Hühner keine Zähne. Einer der jüngsten Fortschritte der Genetik besteht darin, daß es gelungen ist, die Zähne zu erzeugen, die die Hühner hätten, wenn sie Zähne hätten. Der Trick, vermittels dessen das möglich war, eröffnete neue Perspektiven in die genetische Zukunft und liefert Stichworte für neue Utopien aller Art.

An der Bildung der Zähne im Embryo sind zwei verschiedene Gewebsarten beteiligt: Die eine, das Mesenchym, bildet die eigentliche Zahnstruktur, die andere, das Epithel, bildet die schützende Ummantelung, den Zahnschmelz. Beide Gewebe bleiben in jedem Stadium der Zahnentwicklung voneinander abhängig, das heißt, die Epithelzellen werden nur dann zu Zahnschmelz, wenn das Mesenchym die Zahnstruktur vorgibt, und dies wiederum erfolgt nur, wenn ein zur Zahnschmelzbildung befähigtes Epithel vorhanden ist.

Zwei amerikanische Genetiker haben nun gezeigt, daß das Epithelgewebe von Hühnerembryonen durchaus imstande ist, Zahnschmelz zu bilden, wenn es im richtigen Entwicklungsstadium die Ansätze einer Zahnstruktur vorfindet. Hieronymus Bosch in einem Laboratorium der University of Connecticut: Man entnahm einem fünf Tage alten Hühnerembryo Epithelgewebe aus der Schnabelgegend und fügte es mit einem Stück Mesenchymgewebe eines Mäuseembryos zusammen, bei dem sich gerade die allerersten Spuren der Zahnbildung zeigten. Das winzige Sandwich pflanzte man einer ausgewachsenen Maus ein, und zwar an einer gut geschützten Stelle – in einen kleinen Hohlraum zwischen Iris und Hornhaut des Mäuseauges.

Die Maus war aber keine gewöhnliche Maus, sondern ein eigens für derartige Transplantationsexperimente gezüchteter Typ, dem die Thymusdrüse fehlt und damit die Möglichkeit, eingepflanztes fremdes Gewebe als eine genetische Zumutung wieder abzustoßen. Also mußte die thymuslose Maus in ihrem Auge das Sandwich aus Hühner- und Mäusegewebe mit ihrem Blut ernähren, und es geschah, worauf die Genetiker sich schon gefreut hatten: der Maus wuchsen unterm Augenlid Zähne. Das Hühner-Epithel ließ sich vom Mäusemesenchym das Signal zur Zahnschmelzbildung geben, während es umgekehrt das mit ihm zusammenengewachsene Zahngewebe der Maus veranlaßte, eine Zahnstruktur auszubilden.

Was aber da an ganz unpassender Stelle entstand, waren nicht etwa Mäusezähne, sondern Zähne ganz eigener Art, eher denen der Reptilien entsprechend, die ja die Ahnen der Vögel sind. Es handelt sich, so nehmen die Genetiker an, um die Hühnerzähne, die es eigentlich nicht gibt, für deren Zahnschmelzbildung aber gleichwohl im genetischen Bestand der Hühner noch das Programm vorhanden ist und auch noch ausgeführt werden kann, wenn man, wie es hier geschah, die richtigen, das heißt die falschen Vorbedingungen dafür schafft. Die beiden Genetiker ziehen aus ihrem gelungenen Experiment den Schluß, daß die evolutionäre Entwicklung von den Reptilien zu den Vögeln nicht, wie es den Prinzipien der Evolutionstheorie entspräche, in vielen kleinen Schritten vor sich gegangen ist, daß vielmehr eher plötzlich durch Blockierung der für die Zahnbildung zuständigen Gene zahnlose Vogelahnen entstanden sind. Anders wäre es nach ihrer Auffassung nicht zu erklären, daß im Genbestand der Vögel immer noch funktionsfähige Zahn-Gene existieren, die durch einen Trick wie den hier angewandten wieder »eingeschaltet« werden können.

Was diesen Trick angeht, die Verpflanzung eines aus Hühner- und Mäusefleisch geklitterten Transplantats in den Winkel zwischen Iris und Hornhaut einer thymuslosen Maus, so ist er natürlich ein Meisterstück der Mikrochirurgie, und nur

Spielverderber können sich erinnert fühlen an jenen englischen Biologen, der vor Jahren, nach vielem Experimentieren mit Süßwasserpolypen und ihrer Regenerationsfähigkeit, erklärte, er halte es nicht für die Aufgabe eines Biologen, Tag für Tag Süßwasserpolypen zu zerschneiden und dann darüber Buch zu führen, ob und wie schnell sie sich wieder ergänzen, – sprach's und ging aufs Land.

Die beiden amerikanischen Genetiker haben da keine Bedenken. Im Gegenteil: Die neuartige Methodik, so kündigen sie an – und es klingt eher wie eine Drohung –, werde manche Rätsel der Evolution lösen helfen, welche sich jetzt, da man noch auf das Studium von Fossilien angewiesen sei, der Lösung widersetzten. Mit anderen Worten: Man wird mit Hilfe der immunbiologisch hilflosen Spezialmäuse noch viele andere Lebewesen daraufhin untersuchen, ob sich nicht in ihrem genetischen Programm etwas findet, was darin so wenig zu suchen hat wie Zähne im Schnabel eines Vogels. Was in den Genen nur als abstrakte, nie verwirklichte Möglichkeit liegt, was als absurd verworfen worden ist – die Genetiker werden es zu erzeugen trachten, sie werden wenigstens im Kleinen ins Leben zwingen wollen, was ungezwungen nicht erschienen ist.

Kein Zweifel, daß sich daraus entwicklungsgeschichtliche Erkenntnisse ableiten lassen, kein Zweifel auch, daß es von solchen Laboratoriumsexperimenten unermeßlich weit ist bis zu der Utopie, daß dereinst tatsächlich Hühner mit Zähnen oder auch: Menschen mit Schnäbeln herumlaufen könnten. Indessen bleibt ein unbehagliches Gefühl zurück. Vielleicht ist hier, wieder einmal, ein Grenzzaun eingerissen worden, von dem man erst hinterher merkt, daß man ihn besser hätte stehen lassen. Hühnerzähne im Winkel zwischen Iris und Hornhaut einer krankgemachten Maus – für manchen hört sich das zum Lachen an, doch könnte, wer einen Ekel in sich aufsteigen spürt, eher auf dem richtigen Weg sein als der, der lacht.

Schwierigkeiten
mit der Intelligenz

Den Intelligenzquotienten habe ich nie gemocht. Nicht nur, daß der meine zu niedrig ist, als daß ich es wagen könnte, ihn preiszugeben, – vor allem hat er mich immer beunruhigt; denn, so wurde mir bescheinigt, ich habe gewisse Schwierigkeiten mit der Sprache, rundheraus gesagt: ich bin linkisch bis dorthinaus, was die Wörter angeht, und auch die Versicherung der Tester, mein sprachliches Unvermögen werde reichlich aufgewogen durch meinen geschickten Umgang mit Zahlen, hat mich nie trösten können, denn ich gehe nicht gern mit Zahlen um. So habe ich mich immer zur Partei derer hingezogen gefühlt, die den ganzen Ikuh albern und unbrauchbar fanden, samt den Folgerungen, die man daraus abgeleitet hat.

Wenn man aber schon daran zweifelt, daß diese Kennzahl überhaupt zu irgendetwas taugt, dann traut man natürlich noch weniger den Mitteilungen der Menschenforscher über die Erblichkeit dessen, was sie Intelligenz nennen und wovon sie selber nicht so genau wissen, was es eigentlich ist, ja, wovon man, wenn sie es definieren, nicht einmal weiß, ob man es zu erben oder zu erwerben wünschen sollte. Der als ideologisches Vorurteil geltende Verdacht, daß es mit den Beweisen für die Erblichkeit des Intelligenzquotienten nicht weit her sei, erhielt viel Nahrung, als sich die Intelligenz-Statistiken eines berühmten englischen Erbforschers, nicht genannt soll er sein, als schlichtweg erfunden herausstellten. Nachdem inzwischen noch andere Indizien für einen zu sorglosen Umgang der Forscher mit Fakten und Begriffen ans Licht gekommen sind, konnte der Humangenetiker Friedrich Vogel kürzlich auf einer Tagung in München glaubhaft resümieren, das ganze Palaver über den Ikuh und seine Erblichkeit sei eigentlich umsonst gewesen, kein Mensch könne sich irgendein Urteil darüber erlauben, ob und in welchem Maße die sogenannte Intelligenz eine biologische Mitgift oder das Ergebnis von Umwelt und Erziehung sei.

Das Schmierenstück um den Ikuh ist, so scheint es, ziemlich klanglos beendet worden. Wer bestimmte pädagogische Bemühungen empfehlen oder verhindern will, wird sich künftig nicht mehr auf die Biologie berufen können, sondern muß schon selber nachdenken, und diejenigen, die sich über ihren Ikuh (oder, wegen der Erblichkeit, über den ihrer Nachkommen) Sorgen gemacht haben, können wieder ruhig schlafen.

Aber so ganz ruhig können sie auch wieder nicht schlafen; denn der Humangenetiker Friedrich Vogel wußte, auf der gleichen Tagung, noch etwas anderes zu berichten:

Es gibt eine ganze Reihe von erblichen Stoffwechselkrankheiten, die mit Erscheinungsformen des Schwachsinns verbunden sind und bei den Kindern nur zum Ausbruch kommen, wenn ihnen von beiden Eltern je ein Krankheits-Gen dafür mitgegeben wird. Wenn nur ein Elternteil das Krankheits-Gen, der andere aber ein normales liefert, dann sind die Kinder klinisch gesund, leiden also nicht unter der betreffenden Stoffwechselkrankheit. Aber – und das ist das Beunruhigende – sie zeigen, je nach der Krankheit, um die es sich da handelt, irgendwelche leichten Intelligenzdefekte, zum Beispiel, was ja für die Gewinnung von Erkenntnis in dieser Welt hinderlich sein kann, Schwächen beim räumlichen Vorstellungsvermögen oder, noch schlimmer für den Ikuh, mehr oder minder ernste Schwierigkeiten mit der Sprache. Das Fatale ist nun, daß nach Vogels Schätzung etwa ein Drittel der Bevölkerung unseres Landes von diesem genetischen Mißgeschick betroffen ist. Jeder dritte unserer Bürger hat einen genetischen Defekt, der nicht als sichtbare Krankheit manifest wird, aber sich doch als unter Umständen beträchtliche und lebensentscheidende Schwäche auswirkt.

Was nun? Nun müßte, wenn alles mit rechten Dingen zugeht, der ganze Apparat der vorehelichen und vorgeburtlichen

Medizin in Bewegung kommen. Jeder Mensch, der die Mitwirkung an einer Schwangerschaft auch nur in Erwägung zieht, müßte sich genetisch untersuchen lassen und, da man ja allenthalben großen Wert auf Qualitätserzeugnisse legt, von weiteren Schritten Abstand nehmen, wenn sich erweist, daß eine genetische Disposition für die Erzeugung von Kindern mit Schwierigkeiten beim räumlichen Sehen oder bei der verbalen Kommunikation vorliegt.

Wer aber, des Angebots frühzeitiger und immer weiter perfektionierter genetischer Überwachung nicht achtend, ins vermeintliche Glück getaumelt ist und erst etwas später auf den Gedanken kommt, nachsehen zu lassen, ob das, was dabei zustandegekommen ist, den Ansprüchen einer zunehmend anspruchsvoller werdenden Welt genügt, und der dann erfahren muß, daß das Kind, wenn es je zur Welt kommt, Schwierigkeiten mit dem räumlichen Vorstellungsvermögen oder mit der Wortfindung haben könnte, der – ja was wird der tun?

Wird er oder sie sich fragen, ob er oder sie denn selber wohl, bei Licht betrachtet, den Anforderungen genügt, die man an ein des Lebens würdiges Kind stellen zu dürfen glaubt? Oder wird er oder sie, ohne weiter nachzudenken, das unfertige Produkt zurückgeben mit dem Vermerk, es sei ein mängelfreies Exemplar bestellt gewesen? Er oder sie wird, höchstwahrscheinlich, dieser Entscheidung zu entgehen versuchen und den Medizinern, die es so weit gebracht haben, daß sie schon kleine Mängel im voraus diagnostizieren können, mit dem Ansinnen kommen, diese Mängel gefälligst medikamentös oder sonstwie zu beseitigen; und die Mediziner werden, von den Pharmazeuten bereitwillig unterstützt, nach solchen Wegen suchen. Damit sind dann möglicherweise Nebenwirkungen verbunden, gegen die es aber möglicherweise wiederum Medikamente gibt, und so weiter, und das Ganze wird in dem mittlerweile zum modernen Alltag gehörenden Dilemma enden: ob man denn wirklich alles, was man machen kann, auch machen soll, ob man andererseits das, was man machen kann, unterlassen darf, wenn es doch dem Menschen dienlich ist, und schließlich, ob man es überhaupt bezahlen könnte, wenn man es machen zu müssen meint.

Was als Fürsorge der Wissenschaft für das Wohl des Menschen begann, endet unweigerlich, wie vieles zuvor, bei Fragen und Entscheidungszwängen, die womöglich unmenschlicher und unerträglicher sind als die Übel, die gerade vermieden werden sollten. Der Wunsch, Gesundheit herbeizuführen, endet bei der eher bedrückenden Vorstellung eines ungeheuren Aufwandes an diagnostischer und therapeutischer Mühe mit dem letzten Ziel, die Produktion von Menschen nach einer Checkliste zu vollziehen, in welcher erwünschte und unerwünschte Eigenschaften mit zunehmender Präzision vermerkt sind.

Da immer mehr absehbar ist, daß es so oder ähnlich enden wird, braucht niemand sich zu wundern, daß immer häufiger der Wunsch laut wird, man hätte gar nicht erst damit angefangen. Der Ärger, den wir mit dem albernen alten Ikuh hatten, nimmt sich ganz unbedeutend aus gegenüber dem, was uns blüht, wenn die Genetiker so weitermachen.

111

Ein weites Feld,
ein morphogenetisches Feld

Minderjährige Kinder, die mit dem Namen und dem Leben von Tieren und Pflanzen meist nur noch so weit vertraut sind, wie sie die einschlägigen Fernsehprogramme verfolgt haben, lernen heutzutage über die molekularbiologischen Grundlagen der Lebenserscheinungen komplizierte Details auswendig, die erst im Laufe der letzten Generation von einem Heer hochspezialisierter Forscher ans Licht gebracht worden sind; sie lernen, daß die Desoxyribonukleinsäure der Gene den Code des Lebens enthält und daß nach den darin festgeschriebenen Rezepten Lebewesen erzeugt werden, indem die messenger-RNS, die Ribosomen und die transfer-RNS sich zur Bildung von Eiweißstoffen zusammentun; auf diese Weise – so lernen es die Vierzehnjährigen, die davon nur ein Zehntel begreifen, was weit schlimmer ist, als wenn sie gar nichts davon wüßten –, auf diese Weise entstehen jeweils zur rechten Zeit am rechten Ort die einzelnen Merkmale der Lebewesen, und die Lebewesen sind nichts anderes als die Summe aller in den Genen einzeln festgelegten Merkmale.

Nach Beendigung dieses Kapitels fällt entweder der Biologieunterricht für die nächsten anderthalb Jahre aus, oder der Lehrer beginnt das Kapitel der Ontogenese, der Entwicklung des Lebewesens aus dem befruchteten Ei. Daß zwischen diesen beiden Kapiteln, zwischen der Proteinsynthese in der Zelle und der Verwirklichung einer organismischen Gestalt, ein weites Feld des Nichtwissens liegt, das erfahren die Minderjährigen aus keinem ihrer sonst so vorzüglichen Biologiebücher; so unnachsichtig diese ihre jungen Leser mit der Bedeutung von Basentripletts oder mit der energieliefernden Umwandlung von Adenosindiphosphat in Adenosintriphosphat traktieren, so sehr scheuen sie sich, auf die bedeutenden Lücken in diesem Wissen von den Lebensvorgängen hinzuweisen.

Die molekularbiologischen Lehren von der »Programmierung« des Lebens durch die Gene künden immer nur davon, wie einzelne Merkmale von bestimmten Genen verursacht werden; sie sagen aber nicht das geringste darüber aus, wieso und auf welche Weise sich denn aus der Verwirklichung von lauter Einzelmerkmalen eine Gestalt wie die der Amsel oder des Herings ergeben kann. Der Plan des Lebewesens – also auch das Erscheinungsbild des Ganzen – sei in den Genen programmiert, so heißt es (oder: diesen Eindruck sucht man zu vermitteln), aber in Wahrheit sind immer nur die Programmierungen für Punkte dieses Bildes dingfest zu machen.

Den Genetikern und den Biologielehrern ist diese Wissenslücke durchaus bekannt, doch reden sie nur ungern darüber, wiewohl gerade hier das rechte Verständnis dessen, was man weiß, daran hängt, daß man sich sehr genau vergegenwärtigt, was man nicht weiß.

Immerhin gibt es für das unbekannte Prinzip (oder: für die noch unbekannte Weise) der Gestaltbildung ein Fachwort. Es heißt »morphogenetische Felder« und besagt, daß die Organismen oder Teilbereiche ihrer Gestalt sich innerhalb eines »Feldes« aufbauen, welches (ähnlich einem elektromagnetischen Feld mit seinen Spannungslinien) die Strukturen vorgibt. Da man von der materiellen oder immateriellen Natur des morphogenetischen Feldes nicht das geringste weiß, bleibt der Begriff ziemlich leer; eigentlich ist er nur eine verlegene Umschreibung dafür, daß man in der gewohnten chemisch-physikalischen Weise gar nicht zu fassen vermag, daß das einzelne Lebewesen wie in eine Gußform hineinwächst, und kaum anzudeuten vermag, wie denn der Plan dafür in einem genetischen Code, der die Entstehung der Einzelmerkmale steuert, verschlüsselt sein könnte.

Der Begriff des morphogenetischen Feldes legt den Gedanken an eine von *außen* vorgegebene Strukturierung nahe, an eine »Gußform« eben, während doch die Genetik gerade nachzuweisen sucht, daß nichts – und erst recht nichts irgendwie Unbekanntes – von außen die Gestalt formt, sondern daß alles aus den Genen selbst kommt. Erst wenn man bemerkt hat, daß die Unwissenheit darüber, wie denn die Gene die Gestalt bestimmen könnten, ausgerechnet mit einem Begriff umschrieben wird, der eher an eine immaterielle, gewissermaßen »geistige« Matrize denken läßt als an Ein- und Ausschaltvorgänge in den Genen, – erst dann vermag man richtig abzuschätzen, wieviel vom großen Lebensrätsel die Molekularbiologie denn wirklich gelöst hat, erst dann wird klar, daß das, was in den Biologiebüchern der Vierzehnjährigen von den biochemischen Vorgängen zu lesen steht, über die Gestalt der Organismen so viel sagt wie eine Wasseranalyse über das Phänomen der Niagarafälle, nämlich gar nichts.

Die Lücke ist noch ein wenig deutlicher geworden, seit der englische Pflanzenphysiologe Rupert Sheldrake in einem jüngst erschienenen Buch den vagen Begriff des morphogenetischen Feldes ganz ungeniert zu einer Hypothese erweitert hat, die jeden modernen Biologen mit kaltem Entsetzen erfüllen muß. Das morphogenetische Feld, innerhalb dessen sich beispielsweise die Gestalt eines Eichhörnchens verwirklicht, gibt es tatsächlich, – so postuliert Sheldrake, es enthält weder Energie noch Materie, aber es bewahrt auf eine nicht bekannte Weise die Strukturen und Verhältnisse spezifischer Gestalten wie ein Gedächtnis, es ist wie eine Schwingung, die den Nachhall vorangegangener Gestaltbildungen festhält und für alle folgenden Bildungen verfügbar macht. Den Genen bleibt dann nur die Rolle der untergeordneten Bausteine, die sich nach Maßgabe des morphogenetischen Feldes formieren und die Gußform ausfüllen.

Nach Sheldrakes Hypothese ist die Wirkung solcher Gestaltmuster keineswegs auf organismische Gestalten beschränkt. Auch Kristalle zum Beispiel unterliegen ihr, und Sheldrake führt hier als Indiz die Tatsache an, daß neu synthetisierte Substanzen, die es zuvor noch nie gegeben hat, anfangs nur langsam zur Kristallisation zu bringen sind, während es später leichter und schneller geht. Man hat dies darauf zurückgeführt, daß nach der ersten Kristallisation im Laboratoriumsstaub Kristallkeime vorhanden sind, die den Vorgang beschleunigen, und daß solche Keime sich schließlich weltweit verbreiten, so daß in der Folgezeit, an welchem Ort der Welt auch immer, die Kristallisation schneller erfolgt als beim allerersten Mal. Sheldrake hingegen meint, beim ersten Mal müsse die Substanz noch die Kristallform »suchen«, die den beteiligten Atomen und ihren Bindungsverhältnissen angemessen sei; gebe es die stabile Kristallgestalt einmal, dann sei damit das morphogenetische Feld geschaffen, das über Zeit und Raum hinweg dieser Substanz, wann immer man sie synthetisiere, die Gestalt vorschreibe. Es müsse, meint Sheldrake, leicht sein, Versuchsanordnungen zu ersinnen, mit denen sich diese Hypothese nachprüfen ließe.

Auch das Verhalten der Lebewesen ist nach Sheldrake von solchen gewissermaßen »in der Luft liegenden« Mustern bestimmt. Tatsächlich läßt sich mit seiner Hypothese das Ergebnis eines sehr merkwürdigen, bis heute nicht befriedigend gedeuteten Experiments erklären, bei dem vor sechzig Jahren die Lernfähigkeit von Ratten untersucht wurde: Generationen von Ratten, die alle von einem Elternpaar abstammten, wurden in einem Labyrinth getestet; die Fähigkeit, diesem Labyrinth zu entkommen, nahm von Generation zu Generation zu. Ein Kontrollexperiment, bei dem jedesmal wieder Ratten von untrainierten Eltern genommen wurde, ergab aber überraschenderweise, daß auch hier von Mal zu Mal eine schnellere Bewältigung des Labyrinths zu beobachten war. Sheldrake deutet diese Tatsache als einen Beweis dafür, daß sich das betreffende Verhaltensmuster als ein immer stärker wirkendes »Feld« aufgebaut habe und daß es zunehmend das Verhalten der Ratten bestimmt habe.

Das klingt alles ein bißchen phantastisch, und so ist vielleicht der Hinweis angebracht, daß Rupert Sheldrake ein angesehener Wissenschaftler ist und daß die seriöse englische Wissenschaftszeitschrift *new scientist* ihm Gelegenheit gab, seine

115

Hypothese in aller Breite darzustellen. Was diese Hypothese auf jeden Fall leistet, ist der deutliche Hinweis darauf, wie tief das Dunkel ist, das noch über den Vorgängen der Gestaltbildung liegt, und wie sehr jene Vierzehnjährigen irregeführt werden, die aus ihren Biologiebüchern den Eindruck gewinnen müssen, von der Desoxyribonukleinsäure bis zum fertigen Eichhörnchen sei es nur ein kurzer Weg. Es ist ein langer Weg, und er führt über die morphogenetischen Felder, und auf diesen ist es einstweilen noch stockfinster.

Punktgenau ins
Hirn gezielt

Daß viele Neuentdeckungen, wenn sie gemacht werden, gar
nicht so sensationell wirken, wie sie wirken müßten, liegt
daran, daß man sie eigentlich schon erwartet hat. Auf vielen
Gebieten ist der Weg, den der Fortschritt geht, vorgezeichnet,
und das Publikum nimmt es ziemlich gelassen hin, wenn der
nächste fällige Schritt getan worden ist. Wer wollte sich also
wundern, daß man auf dem Gebiet der Psychopharmaka, mit
denen sich menschliche Seelenzustände mehr oder weniger beliebig beeinflussen lassen, ein Fortschritt in bezug auf die Genauigkeit dieser Beeinflussung erzielt worden ist. Dergleichen
war zu erwarten, denn die bisherigen Ungenauigkeiten waren
ziemlich störend:

Die Mittel, mit denen man Angst und Bedrückung be-
kämpft, beseitigen zwar diese Gefühle, wirken zugleich aber
auch einschläfernd, erzeugen Mattigkeit und Muskelschlaff-
heit. Und die Weckamine, mit denen man die Müdigkeit aus
den Gliedern treiben und einen Zustand äußerster und anhal-
tender Wachheit erzeugen kann, haben als lästige Nebenwir-
kung, daß sie die motorische Aktivität erhöhen. Grobsteuerung
ist das also – aber jetzt sind amerikanische Pharmakologen der
Feinsteuerung einen großen Schritt näher gekommen.

Sie haben herauszufinden versucht, ob es nicht auch Stoffe
gibt, mit denen man jemanden wachhalten kann, ohne daß er
zum Zappelphilipp wird, oder mit denen man jemandem die
Angst nehmen kann, ohne ihn gleich in Lethargie versinken
zu lassen. Und sie fanden nicht nur solche Stoffe, sondern dazu
noch ein Gegenstück, nämlich ein Betacarbolin-Derivat, mit
dem sich umgekehrt Angst erzeugen läßt: Die Versuchspersonen mochten, nachdem sie es eingenommen hatten, nicht

länger in dem dunklen Raum bleiben, in dem man sie einge-
sperrt hatte, und einer mußte sogar mit Gewalt gebändigt
werden, so ängstigte er sich.

Mit einem solchen Stoff kann man in der Medizin nicht viel
anfangen, doch lassen sich Lebensbereiche denken, in denen
die Möglichkeit wohldosierter und unauffälliger medikamen-
töser Angsterzeugung als ein wahres Geschenk der Wissenschaft freudig begrüßt werden könnte.

Das Triazolopyradizin hingegen, das eine andere Pharma-
kologengruppe fand, nimmt dem, der sich damit behandelt
oder der damit behandelt wird, die Angst, ohne Schläfrigkeit
oder Gleichgültigkeit hervorzurufen – Lebensmut, und Mut
überhaupt, aus der Dose, so vielseitig verwendbar, daß man
gar nicht darüber nachdenken mag, wer sich und anderen Triazolopyradizin applizieren könnte und wohin es führen wird,
wenn das Zeug dereinst (was bisher noch nicht der Fall ist)
auf dem Markt der Psychodrogen erscheint, rezeptpflichtig,
oder auch nicht – und für Soldaten vielleicht kostenlos zum
Frühstück.

Schließlich, drittens, ein anderer Stoff aus der Gruppe der
Betacarboline, der – bisher allerdings erst bei Ratten – lang-
anhaltende Wachheit bewirkte, ohne daß die Ratten hekti-
schem Bewegungsdrang verfielen. Ein solcher Stoff, so äußerte
sich Phil Skolnick vom Nationalen Gesundheitsinstitut der
USA, könne sehr nützlich sein, denn es sei, so Skolnick wört-
lich, »ein verbreitetes Phänomen, daß Leute tagsüber zu Müdigkeit und Schläfrigkeit neigen; da könnte die Droge als
Energiespender dienen«.

Ende des Zitats. Es ist ja wirklich ein bekanntes Phänomen,
daß Leute tagsüber zur Müdigkeit neigen, – aber es ist ein
völlig neues Phänomen, daß ein Nationales Gesundheitsinstitut, statt den Ursachen des Schlafbedürfnisses nachzugehen,
die Wachmacher schon anpreist, bevor sie überhaupt zum Verkauf stehen.

Die Präzision, mit der da punktgenau ins Hirn gezielt und
getroffen wird, als wäre es wirklich nur eine Schaltzentrale, in

118

der man nach Belieben Sicherungen herausdrehen oder Ener-
gieströme einschalten kann, ist natürlich von großer und ganz
unverdächtiger wissenschaftlicher Bedeutung: Mit Stoffen von
so exakt begrenzter Wirksamkeit läßt sich auch um so exakter
ermitteln, wie denn in dieser Schaltzentrale alles miteinander
verdrahtet ist und wie es funktioniert. Aber was dann, wenn
die Erforscher des Gehirns schon längst ein Kapitel weiter
sind, schließlich herauskommt, sind vor allem ein paar neue
Tabletten: Tabletten, die Angst erzeugen, wenn man gar keine
haben will, Tabletten, die die Angst verscheuchen, wenn man
womöglich ganz zu Recht vor Angst vergehen möchte, und
Tabletten, die einen wachhalten, wenn man eigentlich schlafen
möchte, – das alles nebenwirkungsfrei, eben: punktgenau ins
Hirn getroffen, so genau, daß einen schier die Angst beschlei-
chen könnte.

Die Wiederkehr von Vaucansons Ente

Vor ungefähr hundert Jahren, im Sommer 1879, verbrannte auf dem Marktplatz von Charkow eine Bretterbude, in welcher ein Herr Gaßner aus Petersburg sein Kuriositätenkabinett gezeigt hatte; außer einer Reihe von Wachsfiguren sowie einem Exemplar des kurz zuvor erfundenen Phonographen vernichtete das Feuer eine aus vergoldetem Kupferblech gefertigte mechanische Ente, die, von einem Uhrwerk betrieben, schnattern, mit den Flügeln schlagen, Wasser trinken, Körner aufpicken und, zum Schluß der Vorstellung, Exkremente absondern konnte, von denen man freilich bis heute nicht zuverlässig weiß, ob sie wirklich im Inneren der Ente durch Umwandlung der Körner erzeugt oder dem blechernen Tier jeweils vorher eingefüllt wurden.

Mit der Ente verschwand der letzte von drei überaus kunstvollen Automaten, die Jacques de Vaucanson etwa 120 Jahre zuvor gebaut hatte. Zu ihrer Besichtigung war jahrzehntelang ein dankbares und zahlreiches Publikum geströmt, und Goethe unternahm im Jahre 1805 ihretwegen eigens eine Reise zu dem wunderlichen Professor Beireis nach Helmstedt – fand allerdings nur noch, in ramponiertem Zustand, die Ente und den berühmten Flötenspieler vor. Die dritte Figur, ein Trommler, war schon abhanden gekommen.

Vaucanson war ein sehr produktiver französischer Ingenieur, geboren 1709, gestorben 1782, Generalinspekteur der königlichen Seidenmanufakturen, dessen Erfindungsgeist vor allem der Textilindustrie zugute gekommen ist; er baute den ersten vollmechanischen Webstuhl, aber auch eine Senkrecht-Bohrmaschine und eine Drehbank mit Leitspindel, – lauter seriöse und nützliche Schöpfungen also, mit denen er Geld und Einfluß gewann. Die drei Kunstfiguren, Flötenspieler, Trommler und Ente stammen aus Vaucansons Jugendzeit, er hat sich später nie wieder um sie gekümmert und hat auch nie wieder dergleichen konstruiert.

Wer Vaucansons Ente aus einem alten Stich zu kennen glaubt, kennt die falsche: Von der richtigen gibt es keine Abbildung; wohl geistert durch die Literatur der von der Deutschen Uhrmacherzeitung im Jahre 1889 zum ersten Mal veröffentlichte Stich eines Rekonstruktionsversuchs. Er zeigt ein viel zu simples Geschöpf mit ein paar Zylindern, Trichtern und Zahnrädern im Leibe, die außerstande gewesen wären, die vielen komplizierten Verrichtungen auszuführen, zu denen Vaucansons Ente fähig war und wozu sie eines voluminösen Apparates bedurfte; der war in einem großen, zugleich als Sokkel für das Schaustück dienenden Kasten untergebracht und wurde, gegen ein zusätzliches Honorar, den Betrachtern auch gezeigt.

Das heißt: es kam hier nicht nur auf die Täuschung an, sondern zugleich auf ihre Annullierung: Barockes Illusionstheater und, noch während der Vorstellung, die rationale Erklärung der Illusion, im Stolz darauf, daß man eine so kunstreiche Apparatur überhaupt zuwege gebracht hatte. Ein Triumph der Feinmechanik – und noch etwas mehr, nämlich ein Modell für die cartesianische Vorstellung vom Körper als einer Maschine. Freilich hatte Descartes nur die Tiere als Maschinen bezeichnet, aber wenige Jahre, nachdem Vaucanson seine Automaten gebaut hatte, veröffentlichte der als einer der Stammväter des »Materialismus« geschmähte Lamettrie sein berühmtes Buch »L'homme machine«, worin nun auch der Mensch samt seinem Seelen- und Geistesleben als Maschine dargestellt wird. Vaucansons Kunstfiguren waren große Spielzeuge, aber doch auch Modelle dieser Anschauung, und Lamettrie hat Vaucanson tatsächlich einen »neuen Prometheus« genannt und ihm noch weit größere Leistungen beim Nachbau von Lebewesen zugetraut.

Man nennt das »materialistisch«, doch wird meist übersehen

oder unterschlagen, daß die Materialisten des 18. Jahrhunderts laut und deutlich einbekannten, sie wüßten überhaupt nicht, was Materie, Substanz eigentlich sei. Ihr Gedankengebäude hatte gewissermaßen eine angelehnte Tür zum Transzendenten hin. Auch der Vorwurf gegen Lamettrie, er sei am Verzehr einer zu großen Trüffelpastete gestorben und da sehe man eben, wohin der Materialismus führe, geht fehl, denn der Sinnengenuß in jeder Form war für Lamettrie gerade *nicht* eine zügellose, animalische Hingabe an die Materie, sondern ein Weg in den Bereich des Geistigen, der imaginativen Entfaltung; er hat darüber ein ganzes Buch geschrieben, in dem vielleicht mehr Religion steckt, als er selber wahrhaben wollte und als die, die ihn heute schmähen, überhaupt wissen.

Als Vaucansons Ente, inzwischen zum Jahrmarktschaustück ohne tiefere Bedeutung heruntergekommen, vor hundert Jahren in Charkow verbrannte, hatte man längst mit Erfolg begonnen, die Lebensvorgänge eingehender zu erforschen, die Mechanismen und Chemismen der Lebensvollzüge aufzuklären, und es ist schier kein Ende abzusehen der Erkenntnis, die immer tiefer und dann noch einmal tiefer in die Details eindringt. Das primitive Modell der verdauenden Ente wurde zur lächerlichen Spielerei gegenüber den genauen Aufklärungen über die Kompliziertheit ineinander verschlungener physiologischer Abläufe und ihrer Steuerungsautomatismen.

Zugleich aber war es, als ob die Ente aus der Asche des Gaßnerschen Kuriositätenkabinetts auch wieder auferstünde, ihre Zylinder und Schläuche und Räder sich Stück für Stück wieder zusammenfügten, nur ungleich kunstvoller als zuvor, mit zahllosen zusätzlichen Details und immer lebensähnlicher. Denn was man bei der Lebenserforschung fand, waren ja wiederum Mechanismen, Funktionen jeweils einzelner Körperteile und Organe. Man erkannte nicht nur das Funktionieren, sondern auch die Möglichkeiten, in diese Funktionen einzugreifen, wenn etwas nicht nach Wunsch und Plan verlief. Das waren Fortschritte der Medizin, die allenthalben dankbar begrüßt wurden, weil sie gefährliche Krankheiten abzuwenden vermochten und manchen Defekt zu reparieren halfen, der vorher tödlich oder wenigstens unangenehm gewesen wäre. Pest und Pocken wurden ausgerottet, die Infektionskrankheiten verloren viel von ihrem Schrecken, an der Zuckerkrankheit brauchte man nicht mehr zu sterben, sondern konnte mit ihr leben, Operationen, die früher waghalsig und reine Glücksache waren, wurden zur täglichen Routine, – und so weiter, jeder kennt diese Erfolgsliste, die ja wirklich Bewunderung erregen muß, an deren Endsumme wir freilich inzwischen einiges auszusetzen finden, und nicht ohne Grund.

Nun blieb diese ganze Aufklärung über das, was der Mensch als funktionierendes Lebewesen ist, in einem schicklichen und angemessenen Rahmen, und die Heilmittel, die man gegen Störungen der Funktionen suchte und fand, hatten vorwiegend den Charakter von Adjuvantien, von Mitteln also, die dem Körper halfen, die eigentliche Arbeit der Heilung selber zu vollbringen. Vor allem aber schien es, zumindest bis zur Erfindung der Psychopharmaka, stets eindeutig, was als Krankheit, als Leiden, als Störung des Normalen zu gelten hatte. Kaum jemals konnte es einen Zweifel geben, wo und wann die Anwendung ärztlicher Kunst geboten war.

Mehr und mehr aber wandelt sich dieses Bild, und die Umrisse einer wiederauferstandenen und verbesserten Vaucansonschen Ente werden dabei immer deutlicher. Mehr und mehr nämlich dringt die Forschung in den molekularen Bereich der Körperfunktionen vor, in die Schaltstellen der Organismen, in denen gewissermaßen das Prinzipielle entschieden wird. Der Fortschritt in dieser Richtung verlief zunächst langsam und schrittweise, so daß der fundamentale Unterschied zu früheren Praktiken und Erkenntnissen kaum auffiel, sondern erst langsam offenbar wird. Staunend hören wir zum Beispiel davon, daß man im Stoffwechsel des Menschen jene Substanzen entdeckt hat, welche zwischen zwei Nervenenden die chemische Brücke zur Reizübermittlung bilden und damit Vorgänge im Bereich der Schmerzempfindung, überhaupt der Empfindung und Vorstellung, beeinflussen. (Rätselhafterweise sind diese körpereigenen Opiate den aus dem Mohn gewonnenen chemisch außerordentlich ähnlich.) Wir hören von Botenstoffen, die vom Hypothalamus zur Hypophyse geschickt werden und diese erst zu ihrer steuernden Funktion befähigen. Wir dringen immer weiter vor in den zentralen Bereich, in dem die Stofflichkeit des Menschen tatsächlich ihre Grundentscheidungen fällt, und wir erkennen dies alles viel deutlicher, als es bisher schon eine psychosomatische Medizin erkennen konnte: Hier werden nicht nur Beziehungen aufgedeckt, sondern hier wird eine genaue Entsprechung von Substanz und Wesen festgestellt, Gedächtnis, Temperament, Reaktionsweisen, Intelligenz, – wesensbestimmende Eigenschaften und Verhaltensweisen werden als direkte Folge des Vorhandenseins oder Nichtvorhandenseins bestimmter Stoffe enthüllt. Roger Guillemin, Nobelpreisträger, der in drei Jahren 50 Tonnen Hypothalamusschnitzel verarbeitet hat, faßte diese Einsichten zu dem auf grauenvolle Weise komischen Satz zusammen:

»Momentan sieht es so aus, als ob die Basis normalen menschlichen Verhaltens in einem sorgfältig ausbalancierten Gleichgewicht zwischen verschiedenen kurzkettigen Peptiden zu finden ist.«

Es gilt aber auch das Umgekehrte: Ein amerikanischer Wissenschaftler machte kürzlich ein Enzym namens Ornithin-Decarboxylase dingfest, welches eine wichtige Rolle bei der geistigen und körperlichen Entwicklung des Kleinkindes spielt und dessen Vorhandensein oder Nichtvorhandensein sich, jedenfalls bei Mäusen, als abhängig von dem Grad der mütterlichen Zuwendung erwies; da man diese wiederum als hormongesteuert annehmen darf und da auch an diesem Steuerungsvorgang wie an der Bildung der Hormone selbst das Verhalten (einschließlich des Verhaltens der Umwelt) beteiligt ist, so ergibt sich, daß hier nicht schlichte Wechselbeziehungen vorliegen, sondern ein Netzwerk von Wechselbeziehungen zwischen den Stoffen und dem Menschen, der nicht nur in seiner physischen Existenz, sondern in seinem ganzen Wesen, seiner Persönlichkeit, unentwirrbar eng mit seinem Stoff verknüpft ist.

Solange man von alledem nur oberflächliche und punktuelle Kenntnisse hatte, war die Sache ziemlich einfach: Der Körper war etwas schicksalhaft Gegebenes, an dem nur akzidentelle Reparaturen vorgenommen werden konnten, und er war gleichsam eingehüllt von der Persönlichkeit, die sich dieses Leibes nur bediente und ihn oft genug auf die erstaunlichste Weise zu beherrschen vermochte. Zwar wußte man, daß Magengeschwüre eine Veränderung des Wesens in Richtung Übellaunigkeit bewirken können, aber man zeigte andererseits Individuen vor, die ihren Herzschlag oder ihren Gallenfluß willentlich beschleunigen oder verlangsamen konnten. Doch dieses Wissen über Zusammenhänge zwischen Leib und Wesen und Willen blieb lückenhaft und daher einigermaßen übersichtlich. Inzwischen wächst tagtäglich mit jedem neu erworbenen Wissen die Ungewißheit, wo innerhalb der vielfältigen Zusammenhänge denn eigentlich der Punkt liegt, von dem aus man das wahre Bild des Menschen anvisieren könnte.

Die Genetiker tragen, indem auch sie das Wissen unentwegt vermehren, zu dieser Ungewißheit bei. Auch sie entdecken immer neue, biochemisch sauber definierbare Ursachen für die Details dessen, was wir zuvor in seiner Gesamtheit als schicksalhaft Gegebenes anzusehen gewohnt waren. Indem die Ursachen dingfest gemacht werden, eröffnet sich zugleich die Möglichkeit, sie auszuschalten oder abzuändern. Jedem Ungeborenen kann man heute schon auf den Kopf zusagen, ob es an einer von rund drei Dutzend genetisch bedingten Stoffwechselkrankheiten leiden wird, die mit schwerwiegenden körperlichen oder geistigen Defekten verbunden sind. Mehr noch: Wenn nicht beide Eltern, sondern nur der Vater oder nur die Mutter das krankmachende Gen weitergibt, dann kommt die betreffende Krankheit zwar nicht voll zum Ausbruch, macht sich aber doch durch leichte Beeinträchtigung der geistigen Fähigkeiten, etwa beim Sprechen oder beim Sehen, bemerkbar – und auch dies läßt sich im voraus ermitteln.

Viele Fragen tauchen da auf, und jede für sich ist bedrohlich und bedrückend. Eine ganz banale: Wenn die Erkennung und, nach und nach, auch die Beseitigung solcher Defekte möglich ist, sei es durch Verabreichung kurzkettiger Peptide oder durch genetische Operationen, – wer wird die Unsummen bezahlen, die für gigantische Massentests und für komplizierte Therapien aufgewendet werden müssen? Und da von vornherein feststeht, daß niemals alles bezahlt werden kann, was gemacht werden kann, stellt sich die Frage noch viel peinlicher: Wer entscheidet, ob jemand der Diagnose und der Therapie überhaupt teilhaftig wird; wird man nur die ganz schweren Fälle behandeln oder, im Gegenteil, nur die leichteren Fälle, bei denen am ehesten Hoffnung auf Erfolg besteht; oder wird man gar dies alles nur jenen zugute kommen lassen, die sich eine solche umfangreiche Fürsorge für ihre geistige und körperliche Gesundheit etwas kosten lassen können und wollen?

Im Hintergrund der trivialen Geldfrage lauert eine ganz andere: Was ist denn, angesichts solcher Erkenntnisse und Möglichkeiten, das menschliche Schicksal? Ist die verkappte Stoffwechselkrankheit mit leichten Sprechschwierigkeiten das Schicksal, das angenommen werden muß, oder gebieten es Menschlichkeit und Gerechtigkeit, dieses Schicksal ohne Rücksicht auf die Kosten abzuwenden, – wobei freilich mit einem Mißerfolg der Bemühungen das Schicksal, das abgewiesen werden sollte, zur Hintertür leicht wieder hereinkommen kann.

Daß der Mensch nicht machbar sei, ist eine unbrauchbare Floskel, – die Dinge liegen viel verwickelter, nämlich bei der Frage, wie weit man es mit der zweifellos möglichen, zweifellos wohltätigen Machbarkeit treiben soll. Daß man es nicht zu weit treiben darf, ist wiederum eine Floskel, denn irgendwann müßte dann die Grenze fixiert werden, und bevor dies geschehen kann, müßte man sich einigen, wer denn mit dieser Grenzziehung beauftragt werden soll. Mit der schnellen Antwort, jeder habe es für sich selber zu entscheiden, ist nicht viel anzufangen, denn zum Beispiel ist das Ungeborene, aus dessen Fruchtwasser bereits das Risiko von Sehstörungen diagnostiziert werden kann, der Entscheidung unfähig – und außerdem sind das alles keine ambulanten Verrichtungen, die man nach

Belieben bestellen oder verweigern könnte, sondern sie bedürfen des größeren Aufwandes von Institutionen, deren Unterhalt nur möglich ist, wenn prinzipielle Entscheidungen auf politischer und fiskalischer Ebene vorangegangen sind.

Noch ein paar Schritte weiter in den Dschungel dieser Fragen – und man stößt auf den Kern.

Wenn es zum Beispiel zutrifft – und Zweifel daran sind kaum berechtigt –, daß »die Basis normalen menschlichen Verhaltens in einem sorgfältig ausbalancierten Gleichgewicht zwischen verschiedenen kurzkettigen Peptiden zu finden ist«, wenn also alles, was mit Kopf und Geist, mit Hirn und Empfinden, mit Gedächtnis und Erregung, mit Schlaf und Freude, Wunsch und Willen, Depression und Geisteskrankheit zu tun hat, eine faßbare und vergleichsweise einfache biochemische Grundlage hat, die sich zum Teil schon jetzt, erst recht aber in den nächsten Jahren und Jahrzehnten nach Wunsch beeinflussen und verändern läßt, dann werden alle medikamentösen Methoden einer Psychopharmazie, die noch vor wenigen Jahren von ihren Kritikern als ein Schrecken der Zukunft beschworen wurde, alle Medikamente und Hormone und Enzyme, die schon bislang als nicht unbedenkliche Mittel der Manipulation mit Argwohn betrachtet (und gleichwohl Tag für Tag in Millionen Packungen verschrieben und verbraucht) wurden, stümperhaft und altmodisch erscheinen gegenüber den neuen Möglichkeiten einer Einflußnahme, die endlich nicht mehr nur punktuelle Hilfestellung zu therapeutischen Zwecken bietet, sondern den ganzen Menschen an der Wurzel seines Wesens ergreifen kann, und nicht mehr nur zeitweise und widerruflich, sondern ein für allemal.

An dem Satz, daß die Basis normalen menschlichen Verhaltens in einem sorgfältig ausbalancierten Gleichgewicht zwischen verschiedenen kurzkettigen Peptiden zu finden ist, an diesem Satz ist das Entsetzlichste, daß er zutrifft, und daß kein Bild vom Menschen und seinem Schicksal, seinen Entscheidungsgründen, seinem individuellen Wesen, die Beteiligung der kurzkettigen Peptiden unterschlagen darf. Wenn diese aber nicht wegzuleugnen sind und wenn ihre Handhabung möglich ist oder sein wird, dann wird man ihre Verwendung – und das heißt die Veränderung eines Menschenwesens – nicht grundsätzlich verpönen können. Der Wunsch, normal zu sein, ist weit verbreitet und die Herstellung der Normalität durch orale Applikation kurzkettiger Peptide wird daher weithin nicht als ein Angriff auf die Würde der einmaligen schicksalhaften Person, sondern geradezu als deren Konstituierung gelten. Mit welchem Recht, mit welchen Argumenten wäre dies zu bestreiten? Wer möchte nicht ein heiterer, intelligenter und umgänglicher Mensch sein, und wer möchte einen anderen nötigen, depressiv, schwer von Begriff oder aufsässig zu bleiben, mit dem Hinweis, dies sei eben sein persönliches Schicksal, wenn dieses Schicksal nachweislich auf dem korrigierbaren Ungleichgewicht einiger kurzkettiger Peptide beruht? Es wird schwer sein, die Grenzen zu definieren (und ihre Einhaltung durchzusetzen), bis zu welchen eine gesittete Therapie gehen kann und jenseits deren man die Therapie Manipulation zu nennen hätte; Einigkeit darüber ist nicht zu erwarten, und notfalls wird man der Manipulation, wenn sie nicht mehr als Therapie gerechtfertigt werden kann, ihr eigenes Recht verschaffen. Als wünschenswerte und jedermann einleuchtende Korrektur von Irregularitäten wird beginnen, was dann unter Beteiligung der Krankenkasse als Orgie der Regulierung endet.

Mit Schlagworten ist diese Hydra von Fragen nicht zu erledigen, mit Beschwörungen christlich-abendländischer Werte nicht zu bannen. Kein Ordinarius für Ethik vermöchte zu definieren, wo eine sittlich gebotene Therapie aufhört und die Manipulation eines individuellen Schicksals beginnt, und kein Anthropologe vermöchte zu sagen, ob der mit »natürlichen« Mitteln künstlich ins Lot gebrachte Mensch etwa nicht mehr der »eigentliche«, von seinem Schicksal gemeinte ist: Herr Müller, von seinem Jähzorn befreit, wird darauf bestehen, eben derselbe Herr Müller zu sein, nur glücklicher und verträglicher. Kein Theologe vermöchte zu begründen, warum, wenn die kurzkettigen Peptide von Gott sind, ihre Verschreibung zu Zwecken allgemeiner Wohlfahrt und Befriedung vom Teufel sein soll.

Am wenigsten wird eine Ärzteschaft, deren meiste Mitglieder zwei Jahrzehnte lang die Völlerei mit zahllosen Psychopharmaka nach Kräften gefördert haben, imstande sein, der zahlenden Klientel Stoffe vorzuenthalten, die anderen Menschen von Natur aus und von vornherein mitgegeben sind. Das Wissen, wenn es einmal verfügbar ist, läßt sich nicht nach irgendwessen Belieben austeilen oder zurückhalten – und wenn das möglich wäre, wäre auch nicht viel gewonnen, denn nichts spricht dafür, daß jene, die sich zu Verwaltern aufschwingen oder dazu gewählt werden, die richtigen sind. Der einzige Ausweg, den es aus dem Verhängnis des Wissens gibt, ist das Vergessen.

Vaucansons Ente, die vor hundert Jahren in Charkow kläglich verbrannte, ist auf leisen Füßen zurückgekehrt, unendlich viel größer und stärker als zuvor. Ihr Schnattern läßt uns Hören und Sehen vergehen, und mit drohendem Flügelschlagen treibt sie uns in die Enge, während sie unentwegt kurzkettige Peptide aufpickt. Die Eingeweide ihrer Apparatur, weit reicher ausgestattet als damals, aber nicht weniger mechanisch, bietet sie uns als eine Art Spiegel dar, in dem wir uns erkennen sollen, unser Menschsein als so gut wie identisch mit chemischen Umsetzungen in einem weitläufigen Röhrensystem, und auf dem Sockel steht: »Die Basis menschlichen Verhaltens ist in einem sorgfältig ausbalancierten Gleichgewicht zwischen verschiedenen kurzkettigen Peptiden zu finden.« Die Ente wird zum zweiten Mal verbrennen, doch steht für diesmal zu vermuten, daß Charkow mitverbrennt.

Mit Pheromonen
unterwegs

Einen Tag lang war ich gewissermaßen ein Eber, und wenn ich an jenem Tag in einen Schweinestall gegangen wäre – die Sauen hätten mich angeknabbert vor Lust und Liebe.

Es hat nämlich eine Firma – nicht genannt soll sie sein – ein Parfum kreiert – nicht genannt soll es sein –, welches eben jenen Duftstoff enthält, mit dem die Eber sich den Sauen angenehm machen, einen Sexual-Lockstoff, ein Pheromon, und da die Schweine den Menschen biologisch ungemein ähneln, wirkt dieser Stoff nicht nur auf Schweine, sondern auch auf Menschen.

Die Werbung war unwiderstehlich: Ein oder mehrere Tropfen sollten, so hieß es, bewirken, daß jede Frau wie unter Zwang meine Nähe suchen werde. Der Lockstoff werde von der Frau eingeatmet, gelange übers Zwischenhirn in das Zentrum aller Gefühle; die Frau werde sich, ohne zu wissen warum, geheimnisvoll angelockt fühlen, sie werde, auch wenn sie kühl oder schüchtern sei, ihren Stolz verlieren und mich durch Ergebenheit und Fügsamkeit erfreuen. Ein Test-Mann sei von einer Dame bis an seine Arbeitsstelle mit dringlichen Wünschen verfolgt worden, ein anderer in einem Kaufhaus von zweien fast gleichzeitig angesprochen und zu festen Verabredungen genötigt worden. Das alles erschiene dem davon Betroffenen wie ein Wunder, doch sei es kein solches, sondern das Ergebnis jahrelanger biologischer Forschungen an einer deutschen Universität.

Das Fläschchen für dreißig Anwendungen kostete 69 Mark, also zwei Mark dreißig pro Lockvorgang, ein annehmbarer Preis, und Garantie gab es auch: Entweder Erfolg – oder Geld zurück.

Ich verrieb zwei Tropfen auf jeder Wange, dazu noch je einen auf jedem Handrücken, weil man ja nie wissen kann. Im Omnibus verweilte ich länger in der Nähe des Fahrers, der, laut Prospekt, eigentlich Zeichen rivalenhafter Aggression hätte äußern müssen, doch blieb er, zu meiner Enttäuschung, ganz gelassen und seine Fahrweise normal. Sodann ging ich langsam durch den Bus, stets gewärtig, daß mir eine Dame folgen oder mich wenigstens eindeutig ansehen würde – nichts dergleichen geschah. Auch als ich ausstieg, stieg mir niemand nach. Fast eine Stunde schlenderte ich dann durch alle Abteilungen eines Kaufhauses, legte auch verstohlen noch eine Portion Parfum nach, aber ich erhielt weder Angebote, noch richtete man irgendwelche Forderungen an mich.

Meine Arbeitsstätte betrat ich mit besonders hohen Erwartungen, aber auch hier lauerte ich vergebens auf Gesten der Fügsamkeit oder wenigstens der Zuneigung, die Damen blieben sachlich, keine von ihnen erweckte den Eindruck, als sei sie unwiderstehlich in meinen Bann geraten oder wolle sich dringend mit mir verabreden; selbst jene, denen ich so unauffällig wie möglich meinen Handrücken nahebrachte, zeigten nicht die geringste Veränderung in ihrem Verhalten – kurz, es war ein glatter Schlag ins Wasser. Ich könnte jetzt vom Garantieversprechen Gebrauch machen und die Flasche zurückgeben; aber natürlich werde ich den Versuch wiederholen, mit neuen Testpersonen, vielleicht im Mai – rette sich, wer kann.

Was lehrt uns dies? Es lehrt uns, daß die Absicht, das Verhalten unserer Mitmenschen durch Anwendung biochemischer Essenzen zu steuern, doch wohl so leicht nicht in die Tat umzusetzen ist, wie man teils hofft, teils fürchtet. Immer mehr Substanzen werden enträtselt, deren Vorhandensein oder Nichtvorhandensein die Stimmungen, Begierden, Fähigkeiten oder Verhaltensweisen bestimmt, – aber die damit verknüpfte Hoffnung, man könne die Welt in Ordnung bringen oder die Menschen glücklich machen oder die Herrschaft erlangen, wenn man nur alle diese Substanzen kennte und zur rechten Zeit an der richtigen Stelle applizierte – diese Hoffnung wird sich nicht so leicht erfüllen.

Der nun schon zehn Jahre alte Vorschlag eines bekannten Sachbuchautors, man möge den nordirischen Plagen dadurch ein Ende machen, daß man dem nordirischen Trinkwasser aggressionshemmende Stoffe beifügt, wird einstweilen ebenso Utopie bleiben wie die gräßliche Vorstellung, daß die Männer sich künftig bei Bedarf mit garantiert wirksamen Pheromonen einreiben und daß die Frauen dann den Eingeriebenen willenlos zu Diensten sind.

Die Freude darüber, daß all dies nicht unmittelbar zu befürchten steht, ist freilich getrübt durch eine andere Lehre aus der Geschichte mit dem Lust-Parfum. Die Lehre lautet, daß sich immer jemand findet, der noch die stümperhaftesten Anfänge unseres Wissens von den unendlich komplizierten biochemischen Zusammenhängen des Lebens auf der Stelle anwendet und wenn eben möglich in verkäufliche Waren umwandelt. Nicht davor also hätte man sich zu fürchten, daß die Wissenschaft vom Menschen perfekt und damit die Macht über seine Gefühle und Antriebe, seinen Willen und sein Denken möglich werden könnte, – zu fürchten sind viel eher die höchst unvollkommenen, aber mehr oder weniger frei verkäuflichen Pillen und Essenzen, mit denen der Wahn der Machbarkeit als billiges Privatvergnügen begangen werden kann, allein oder an anderen. Der Lockstoff, der jede Frau gefügig macht, mag ein lächerlicher Flop sein – aber mit Ernsterem muß gerechnet werden.

Eier im Glas

Die jetzt vierjährige Louise Brown, seinerzeit das erste Retortenbaby der Welt, hatte drei Väter: Vater Brown verrichtete die Ejakulation, Doctor Edwards vollzog die Zeugung, indem er das Ejakulat zusammen mit einigen Ova von Mrs. Brown im Glase schüttelte, und Doctor Steptoe suchte sich eines der Eier aus, das er dann wieder in Mrs. Brown hineinpraktizierte. Alle Beteiligten legen Wert auf die Feststellung, daß das Verfahren sich nur ganz unwesentlich von der herkömmlichen Zeugung unterscheidet und daß der Ausdruck »Retortenbaby« eine unzulässige und verleumderische Übertreibung darstellt.

Da auch Moraltheologen, die in diesen Dingen sehr umsichtig zu urteilen pflegen, nichts Anstößiges an Doctor Edwards Schüttelzeugung fanden, und da man nicht nachweisen kann, daß Zeugung irgendetwas mehr wäre als eben die Verbindung eines Spermatozoons mit einem Ovum, so hatten es diejenigen schwer, die das Unbehagen, welches sie empfanden, zu rechtfertigen suchten. Principiis obstare, den Anfängen zu wehren, das blieb noch ihr bestes Argument: Hier werde, so warnten sie, eine Grenze überschritten, und wenn man den Medizinern und Medizintechnikern den Weg in einen bis dahin unantastbaren Bereich freigebe, riskiere man Manipulationen aller Art, zu denen der freihändige Umgang mit unbefruchteten und befruchteten Menscheneiern geradezu herausfordere, etwa zur Auswahl nach fragwürdigen Kriterien oder zu allen möglichen Formen experimentellen Hantierens mit dem Embryo.

Zaghafte Einwände dieser Art ließen sich freilich ziemlich leicht mit dem Hinweis auf die dringlichen Wünsche der betroffenen Frauen (also: auf die Unzuständigkeit der nicht betroffenen Kritiker) erledigen, sowie mit der Versicherung, das ärztliche Ethos verbiete alle mit der Würde der menschlichen Person nicht zu vereinbarenden Machenschaften.

Nun ist es so weit: Die Hüter des ärztlichen Ethos haben zum ersten Mal Alarm geschlagen. Die *British Medical Association* (Britischer Ärzte-Verband) hat den zweiten Vater von Louise Brown, den Doctor Edwards, geächtet und hat allen englischen Ärzten verboten, ihm weiterhin durch die Anlieferung unbefruchteter oder befruchteter Eier zur Hand zu gehen. Doctor Edwards hatte nämlich in einem Vortrag über Experimente mit »überzähligen« Embryonen berichtet, und solche Experimente, fand der Ärzte-Verband, seien verwerflich.

Freilich bestätigt das Verdikt der Ärzte mehr die Befürchtungen der Kritiker der Laboratoriumszeugung, als daß es geeignet wäre, Vertrauen in die Wirksamkeit der Standesethik und ihrer Kontrolle zu erwecken. Daß irgendein Doctor Edwards irgendwann die Verfügbarkeit von Menscheneiern nutzen und sich an diesen zu schaffen machen würde, war vorauszusehen, und wenn der Einspruch des Ärzte-Verbandes irgendeinen Effekt hat, dann den, daß künftige Experimentatoren diskreter vorgehen werden als Doctor Edwards. Vorhaben und Forschungen auf diesem Felde sind ohne Experimente überhaupt nicht zu verwirklichen, ja, genau genommen erweist sich immer erst hinterher, ob eine gentechnische Verrichtung eine medizinische Wohltat oder eine experimentatorische Missetat gewesen ist.

Insofern zeugt der Boykottaufruf des englischen Ärzte-Verbandes gegen Doctor Edwards vielleicht von gutem Willen, aber auch von schierer Naivität. Der Eindruck verstärkt sich noch, wenn man hört, daß der Ärzte-Verband dem Sünder schon zwei Tage später Absolution erteilte, nachdem dieser erklärt hatte, er habe gar keine Experimente unternommen, sondern die Embryonen nur »beobachtet«.

Das ist eine feinsinnige Unterscheidung, die allerdings ein anderes Problem um so deutlicher hervortreten läßt: das der Entsorgung, der Abfallbeseitigung. Vielleicht haben auch die Moraltheologen seinerzeit übersehen, daß bei der Schüttelzeugung mehrere Eier befruchtet werden, daß man davon aber nur eines verwenden kann, wodurch diese Art der Zeugung für mehrere Embryonen zu einem Experiment mit tödlichem Ausgang wird und unfehlbar in der städtischen Kanalisation endet. Ob man die »überzähligen« Eier abtötet, oder ob man sie, wie Doctor Edwards es getan hat, noch ein paar Tage beobachtet, – oder ob man gar das eine oder andere Experiment an ihnen begeht, das bleibt sich ziemlich gleich. Übrigens erscheint es nicht unmöglich, die befruchteten Eier in einem frühen Stadium ihrer Entwicklung zu zerteilen und damit beliebig viele, genetisch völlig gleichartige Individuen entstehen zu lassen: Die Klonierung, von der man uns immer versichert, mit ihr habe es noch gute Weile, steht uns vielleicht doch schon kurz bevor, und eine künftige Mrs. Brown könnte auf den Gedanken kommen, sich ein geteiltes Ei einpflanzen zu lassen und, nach ein paar Jahren, zu entscheiden, ob sie die tiefgekühlte andere Hälfte als identischen Zwilling ausbrüten will.

Der nächste Schritt wird zweifellos die Entwicklung von Brutmethoden sein, bei welchen auf eine menschliche Mutter verzichtet werden kann, und dies wird die Abfallmengen schnell anwachsen lassen – noch gar nicht zu gedenken all jener gentechnischen Bemühungen, bei denen die Versuchsobjekte nachhaltig geschädigt und in keinem Sinne mehr verwendbar sind. Da wird ein großes Klagen sein unter den Embryonen, wenn sie einander in den Abwasserröhren begegnen, der Britische Ärzte-Verband wird in das Schweigen der Hilflosigkeit versinken, und die Affäre um Doctor Edwards wird man sich schmunzelnd als eine Anekdote aus der Pionierzeit erzählen: Was uns, vermutlich ziemlich bald, bevorsteht, ist die Erkenntnis, daß das, was da unter dem Vorwand der barmherzigen Hilfe begonnen wurde, unter dem gleichen Vorwand unweigerlich fortschreiten wird bis dorthin, wo Barmherzigkeit nur noch darin bestehen kann, daß man ein Ende setzt. Aber wir dürfen sicher sein, daß jedes mögliche Experiment auf diesem Gebiet auch seinen Vollstrecker findet. Nicht ausgeschlossen, sondern höchst wahrscheinlich ist es, daß hinter mancher verschlossenen Tür schon mehr ausgeheckt oder ausgeführt wird, als das, wofür Doctor Edwards gescholten worden ist.

Wer will mit King Kong
Hochzeit machen?

Auf die bange Frage, was Wissenschaft und Technik uns wohl alles noch bescheren werden, hat es wieder einmal eine Teil-Antwort gegeben; sie kommt von dem Genetiker Geoffrey Bourne vom Primaten-Zentrum in Georgia/USA: Er werde, so gab Bourne auf einem Biologen-Kongreß bekannt, demnächst einen Gorilla mit einem Schimpansen kreuzen; und für diejenigen, die dabei an nichts Böses, sondern höchstens an das Maultier denken, das ja aus einer vergleichbaren Kreuzung hervorgegangen ist, fügte Bourne hinzu: der nächste Punkt in seinem Zuchtprogramm sei dann die Kreuzung zwischen einem Gorilla und einem Menschen.

Es gibt da zwar gewisse Schwierigkeiten mit den Chromosomen – aber Bourne ist zuversichtlich, daß seine Besamungsaktion an solchen Lappalien nicht scheitern werde. Man darf also nicht hoffen, daß die Erzeugung des Affenmenschen durch irgendwelche Grundgesetze der Biologie vereitelt werden könnte; daß sie von etwas *anderem* als von diesen vereitelt werden könnte, ist ohnehin nicht anzunehmen; zwar hat Bourne geäußert, er frage sich, ob der Mensch das Recht habe, eine solche Kreuzung zu verüben, doch kündet schon der Umstand, daß er sich das nur fragt, von seiner Absicht, sich über solche Bedenken hinwegzusetzen.

Bis es so weit ist, bleibt es einem teils verstörten, teils neugierigen Publikum überlassen, sich auszumalen, wie der Züchter Bourne denn wohl verfahren wird. Wird er eine Gorillafrau erküren und ihr Menschliches applizieren, wird er dabei gar sich selber als Vater ins Spiel bringen? Oder wird er einen Gorillamann mit einem Menschenweibchen paaren – es müßte wohl eine Genetikerin sein, die imstande ist, der Geburt des

Mischlings mit der nötigen Zuversicht und mit wissenschaftlichem Interesse entgegenzusehen.

Was das weitere Schicksal solcher Affenmenschen angeht, so wird man sicher sein können, daß ihnen in einer Welt, in der schon weit geringere Makelhaftigkeiten als die der Abstammung von einem Gorilla zum Ausschluß aus der bürgerlichen Gesellschaft führen, kein fröhliches Leben bevorsteht. Man bibbert danach, sie zu erzeugen, aber wenn man sie hat, wird man sich angewidert von ihnen abwenden, und wenn sie sich dann, alleingelassen, mit sich selber beschäftigen und nach den Mendelschen Regeln unweigerlich auch wieder Rückkreuzungen in Gestalt von Menschen und Gorillas hervorbringen, dann wird man das ganze Gesocks nicht als legitime Nachkommenschaft einer übergeschnappten Zivilisation anerkennen, sondern bestenfalls zu deren Lakaien machen, indem man sie, zum Beispiel, auf Reparaturarbeiten in Atomkraftwerken dressiert; das hätte den unschätzbaren Vorteil, daß man sich an keine Strahlenschutzverordnung zu halten brauchte und Notschlachtungen vornehmen könnte, wo man heute noch Renten zahlen muß. Nichts könnte ja dieser Zivilisation gelegener kommen als ein Heer schwachköpfiger Affenmenschen (und nichts kennzeichnet, nebenbei bemerkt, diese Zivilisation besser als das Bedürfnis nach solchen Kreaturen).

Wer sich mit dem Gedanken beruhigt, dies alles sei die schiere Phantasie und werde, notfalls durch geeignete Gesetze und Verordnungen, unterbunden werden, der übersieht, mit welcher Beharrlichkeit jene Wissenschaftler, die sich an den äußersten Grenzen menschlicher Möglichkeiten herumtreiben, darauf bestehen, daß nur sie selber die Gesetze ihres Tuns zu bestimmen hätten. Sie bescheinigen sich selber ihre guten Absichten, erklären die Freiheit der Wissenschaft für unantastbar und stellen sich bereitwillig als Gutachter zur Verfügung, wo etwa die Absicht ruchbar wird, diese Freiheit mit Gründen der Vernunft einzuschränken.

Jene Genetiker zum Beispiel, die derzeit noch mit Bakterien arbeiten (was schon riskant genug ist), deren Endziel aber in der beliebigen Manipulierbarkeit allen irdischen Erbgutes besteht, haben sich kürzlich selber die Vorsichtsmaßregeln für ihre Arbeit gegeben – aber jedermann weiß, daß die Maßregeln unzureichend sind und ihre Anerkennung freiwillig bleibt. Was für die Gene gilt, gilt ähnlich für die Atome: Die Richtlinien des Weitermachens stammen von denjenigen, die sich danach richten sollen, während die sogenannten Verantwortlichen, die das Weitermachen verhindern könnten, nur die Lügen nachplappern, welche die Lobby ihnen vorsagt. An den Grenzen menschlicher Möglichkeiten angelangt, wo schon der nächste Schritt zum Verhängnis werden kann, machen sich die Wissenschaftler ihre Gesetze selber: Das ist eine umfassende Antwort auf die Frage, was uns die nächsten Jahre an Wissenschaft und Technik bescheren werden, und für Geoffrey Bournes sodomitische Pläne bedeutet dies: er wird die Laboratoriumshochzeit zwischen Gorilla und Mensch arrangieren, und er wird es schon als eine Art Zugeständnis an die Menschheit betrachten, wenn er den Bastard dann schlachtet. *Wenn* er ihn schlachtet . . .

III
Nützliche Erfindungen

Nach Harrisburg

Von der Heißwasserbereitung zum Atomangriff ist nur ein Schritt, und der heißt, bis auf weiteres, Harrisburg; denn was sich dort ereignet hat, das unterschied sich ja, für die Betroffenen, von einem drohenden Atomangriff höchstens dadurch, daß nicht die bösen Absichten eines Aggressors dahinterstanden, sondern die guten Absichten eines – freilich irrenden – Kontrolleurs. Davon abgesehen war alles wie im Krieg: Halbwahres zur Beruhigung des Publikums, einander widersprechende Frontberichte, Vorbereitungen für die Massenflucht, gepackte Koffer mit dem Nötigsten, der Gouverneur schwankt noch, ob er den Treck der 600 000 in Gang setzen soll, 200 000 sollen schon freiwillig auf und davon sein, auf Plünderer darf geschossen werden, und der Präsident erscheint in Person und verweilt zu Dekorationszwecken zehn Minuten im Hauptgefechtsstand, dreißig Meter entfernt von jener Gasblase, die aus dem Heißwasserbereiter einen atomaren Explosivkörper gemacht hat.

Die Fassungslosigkeit der Techniker über die physikalische Möglichkeit einer solchen Gasblase wurde nur übertroffen von der Fassungslosigkeit des Publikums über die in Aussicht gestellte Möglichkeit einer Explosion, denn: ein explodierendes Atomkraftwerk, so hatte man stets beteuert, sei eine Absurdität, wie sie nur einem Laienhirn entspringen könne.

Eine Art Atomangriff also schien bevorzustehen, und daß er unterblieb, verdankt man wohl mehr einigen barmherzigen Zufällen als dem Wirken der Fachleute, von denen man ja inzwischen erfahren hat, wie furchterregend ratlos sie gewesen sind. Eine Art von Angriff – und bei dem Wort Atomstaat hat man fürderhin, wie das Beispiel lehrt, eben nicht nur an Poli-

141

zeikordons und vorsorglich geräumte Gefängniszellen zu denken, mit deren Hilfe Flach- und Tiefbohrungen sowie der Transport von Plutonium gesichert werden, sondern auch an die zwangsweise Räumung ganzer Landstriche, an schwangere Frauen in Sportstadien und Plünderer in den Straßen, kurz, an Tränen und Schüsse, Gewalt und Verzweiflung, Zwang und Aufruhr aller Art. Zumindest die *Pläne* für diese Art von Atomstaat müssen in den Schubladen liegen, und von allen anderen Katastrophenplänen unterscheidet sie, daß hier die Unmöglichkeit einer Rückkehr, die Umsiedlung also, mit eingeplant werden muß; die Abschaffung ganzer Provinzen wird denkbar. So viel davon ist in Harrisburg ganz oder beinahe Wirklichkeit geworden, daß man dies nicht mehr als Schwarzmalerei abtun kann: Wenn das Fiasko so nahe gewesen ist, dann macht es nur noch wenig Unterschied, ob es tatsächlich oder nur beinahe stattgefunden hat.

Von der Heißwasserbereitung zum Atomangriff ist nur ein Schritt. Gleichwohl war das, was sich in Harrisburg ereignet hat, in einem anderen Sinne etwas ganz Banales, und jene, die jetzt aus voller Brust die »Überprüfung« von Sicherheitskonzepten fordern oder in Aussicht stellen, – sie verdrängen oder verschweigen, daß seit Beginn der Atomenergieerzeugung mit derlei gerechnet werden muß, Tag für Tag, und wenn es passiert, ist es kein exorbitantes Ereignis, über das zu staunen wäre. Zwar ist hier Unvorhergesehenes geschehen, – aber vorhersehbar ist, daß das Unvorhergesehene sich ereignet. Atomunfälle sind mit Sicherheit möglich – dies ist die einzige wirkliche Sicherheit im Atomwesen.

Jene Techniker, die uns prompt versichert haben, Harrisburg könne es hierzulande gar nicht geben, weil alles so ungemein automatisiert und dem menschlichen Zugriff entzogen sei, täuschen uns doppelt und dreifach: Erstens kommt es ja gar nicht darauf an, ob genau das passieren kann, was dort passiert ist – der Teufel sitzt war gerne im Detail, aber ungern immer im gleichen. Zweitens darf man das Vertrauen in die Automatik nicht übertreiben – seinerzeit in Gundremmingen hat sie durch exaktes Funktionieren genau das Falsche bewirkt, so daß man sich eine absolut eigenmächtige Automatik überhaupt nicht wünschen sollte. Und drittens ist jede Automatik eine apparative Veranstaltung, die man wie alle anderen Apparate auch abschalten kann; mit welchen Mißbrauchs-Sicherungen der Abschaltknopf versehen sein mag – es gibt ihn. Der Hinweis auf die Automatik ist demnach kaum geeignet, die Hoffnung zu nähren, daß Harrisburg in der Bundesrepublik nicht stattfinden könne.

Atomunfälle sind mit Sicherheit möglich, hier wie anderswo. Im Lichte dieser schlichten Erkenntnis ist mancher Beitrag zur Atomdiskussion nicht mehr als Makulatur, zum Beispiel jener vielzitierte Ausspruch von Carl Friedrich von Weizsäcker, wonach das Atomrisiko die Summe der bereits vorhandenen technischen Risiken nicht merklich erhöhe. Dies war schon vor Harrisburg falsch, weil es die unbezweifelbare Möglichkeit nur als vernachlässigbare Unwahrscheinlichkeit in Rechnung stellte, die Vorhersehbarkeit des Unvorhersehbaren nicht ernstlich einkalkulierte. Nach Harrisburg klingt es wie ein Hohn auf jene 600 000 Menschen, die tagelang damit rechnen mußten, mit ein paar Koffern aus ihren Häusern vertrieben zu werden, die sich vorkommen mußten wie das Personal eines Horrorfilms, Hohn auf jene, die, wenn sie aus dem Fenster blickten, einen dampfenden Meiler sahen, über dessen Verhalten die Experten tagelang nur Mutmaßungen anstellen konnten. Hat es das, Kriegszeiten abgerechnet, jemals gegeben? Und ist nicht das, was hier geschehen ist, auch ohne Exodus und Explosion genug, um Carl Friedrich von Weizsäckers Wort von den nicht wesentlich erhöhten Risiken Lügen zu strafen? Wenn 600 000 Menschen wegen eines kleinen Bedienungsfehlers die Angst auferlegt wird, ihre Heimat, vielleicht für immer, verlassen zu müssen, wenn die Verwüstung einer ganzen Provinz im Bereich des Möglichen, vielleicht gar des Höchstwahrscheinlichen gelegen hat, dann sind dagegen alle sogenannten Risikoberechnungen, die nur Leichen zählen, reines Gaukelwerk.

Die Angst sei irrational und beruhe nur auf dem Mangel an Information, hieß es bislang. Die Information aus Harrisburg hat gezeigt, wie begründet die Angst ist, und der Hinweis auf funktionsfähige automatische Sicherungen nimmt dieser Wahrheit kein Jota weg. Die Angst wird bleiben, als durchaus rationale Angst vor dem vorhersehbaren Scheitern der Technik an einer unvorhersehbaren Stelle zu einem unvorhersehbaren Zeitpunkt.

Streß aus
Kernkraftwerken

Ein amerikanisches Appellationsgericht hat vor wenigen Wochen eine Entscheidung gefällt, die selbst dann historische Bedeutung behalten wird, wenn die nächsthöhere Instanz sie wieder kassieren sollte: Das Gericht hat festgesetellt, daß von einem Atomkraftwerk nicht nur physikalische oder sonstwie materiell faßbare Wirkungen ausgehen können, sondern auch psychische, und daß diese Wirkungen im Sicherheitsbericht als mögliche Risiken berücksichtigt werden müßten. Die amerikanische Atomkontrollbehörde NRC darf nach dem Spruch des Gerichts die Betriebsgenehmigung für einen Reaktor auf Three Mile Island erst dann erteilen, wenn sie sich zuvor Gewißheit darüber verschafft hat, welche Auswirkung dies auf das seelische Wohlergehen der Anwohner haben werde.

Der Reaktor, um den es da geht, ist nicht der, der seinerzeit den Standort Three Mile Island so berühmt gemacht hat, weil er tagelang zu explodieren drohte; es handelt sich vielmehr um den unmittelbar daneben liegenden Reaktor TMI-1, mit dem es freilich lange Zeit auch nicht zum besten stand. Als er nun wieder in Betrieb gehen sollte, erhob eine Bürgerinitiative Einspruch dagegen und machte, wohl zum ersten Mal in der Geschichte des Widerstandes gegen Atomkraftwerke, geltend, daß TMI-1, wenn er wieder eingeschaltet würde, eine Quelle von Angst und Streß für das ganze Umland bilden werde.

Die Vertreter der Atombehörde wollten davon zunächst nichts wissen, sie wollten dieses Argument bei einer öffentlichen Anhörung nicht einmal offiziell zur Kenntnis nehmen: »public trepidations«, öffentliche Ängste, so sagten sie, zählten nun einmal nicht zu den Beurteilungskriterien im Genehmigungsverfahren, folglich dürften sie gar nicht erst zur Sprache kommen, weil dies ja schon eine Art von Anerkennung bedeuten würde.

Das war schlau ausgedacht, – aber nun zogen die Bürger mit eben diesem einen Punkt vor Gericht und begehrten zu wissen, ob es wirklich rechtens sei, daß man das Seelische so völlig übergehe.

Das Gericht, das sich mit dieser Frage befaßte, machte eine überraschende Entdeckung: Im National Environmental Policy Act, einem allgemeinen Umwelt-Grundgesetz, das die Zulässigkeit staatlicher Aktivitäten im Hinblick auf den Schutz der Umwelt regelt, fand sich ein bisher noch nie angewendeter Passus, der auch das seelische Wohlergehen zum schutzwürdigen Gut erklärt. Wer die Frage der psychischen Unversehrtheit außer acht läßt – so erläuterte das Gericht –, der übergeht die allgemein bekannte Tatsache, daß eine Beeinträchtigung der Seele Schäden für den Körper nach sich zieht; zwar sei nicht jedes Unbehagen schon als psychische Belastung anzusehen, doch sei im Falle von Three Mile Island ganz offenkundig, daß die Angst vor einer Wiederholung der schon einmal durchgemachten Beinahe-Katastrophe einen schädlichen Streß verursachen könne. Es müsse demnach, so entschied das Gericht, ein neuer Sicherheitsbericht für TMI-1 ausgearbeitet werden, und darin müßten – noch zu erhebende – Befragungsdaten über das Ausmaß der Ängste der Anlieger berücksichtigt werden.

Es gab ein Minderheitsvotum bei diesem Gerichtsbeschluß: Der Richter Malcolm Wilkey bekundete, nach seiner Ansicht werde es zum Zusammenbruch der Wirtschaft führen, wenn man derart die Angst als einen mitentscheidenden Faktor bei technischen Großvorhaben legitimiere und nicht mehr das von den Experten errechnete Risiko, sondern den Gemütszustand der Einwohner angesichts dieses Risikos zum Maßstab mache; nur allzuleicht ließe sich, von wem auch immer, eine Angst erzeugen, die den tatsächlichen Risiken gar nicht entspreche.

Der Richter Wilkey überschätzt da wohl die Fähigkeit von Demagogen, aus jeder beliebigen Mücke einen Elefanten zu machen, – aber sonst ist er doch ziemlich nahe bei der Wahrheit: Tatsächlich könnte es zu einem Zusammenbruch der Wirtschaft führen, wenn man bei allem, was so unternommen wird, die Ängste des gemeinen Mannes in Betracht zöge: die Angst vor Blei im Gemüse und Cadmium in den Pilzen, vor Nitrat im Trinkwasser und Schwefelsäure im Regenwasser, die Angst vor immer besseren Raketen und immer wirksameren Pestiziden, die Angst vor Atom und Beton, die Angst vor Verwüstung und Vernichtung aller Art. Es ist ja wahr, daß die Berücksichtigung all dieser Ängste den Zusammenbruch der Wirtschaft bedeuten könnte, wie Richter Wilkey meint. Aber wenn das wahr ist, dann heißt das auch, daß umgekehrt diese Wirtschaft, so wie sie funktioniert, sich geradezu darauf gründet, daß sie die Ängste ignoriert, die sich an ihr Funktionieren knüpfen. Die Erkenntnis ist nicht neu, aber es ist Richter Wilkeys Verdienst, daß er sie deutlich formuliert hat und gerade mit seinem Widerspruch gegen die Legitimierung der Angst als Entscheidungsfaktor neuen Stoff zum Nachdenken darüber gegeben hat, ob es nicht umgekehrt illegitim ist, Angst und Ängste kurzerhand zu ignorieren. Es verhält sich ja keineswegs so, daß »Angst« und »Hirngespinste« dasselbe und daß die Seele ein altmodischer Luxus wäre.

Sturzflug in die Banalität und Moazagotls Vertreibung

Fliegen ist, wie man so sagt, ein alter Traum des Menschen. Wenn ein Traum verwirklicht wird, ist der Traum aus, und die Wirklichkeit ist immer ein bißchen anders; zum Beispiel haben diejenigen, die zuerst den Traum von der Flucht aus aller Erdenschwere träumten, nicht im Traum daran gedacht, daß man den Aufenthalt in der Höhe dazu benutzen könnte oder sollte, anderen Leuten Explosivkörper auf den Kopf zu werfen.

Zwar: der chinesische Kaiser Shun ergriff, als er verfolgt wurde, zwei große Strohhüte und floh mit ihrer Hilfe durch die Luft, aber sonst war mit »Fliegen« doch wohl das Erlebnis der Levitation, der Aufhebung der Schwerkraft, gemeint und nicht ein banaler Zweck. Aber irgendwann landen ja alle Menschheitsträume, wenn sie sich erfüllen, bei der Zerstörung, und bei manchen fängt die Erfüllung gleich damit an; bei der ersten »Flugwoche« in Reims im Jahre 1909 saßen schon die Militärs auf der Tribüne, und ein paar Jahre später fielen auch die ersten Bomben – nicht im Ersten Weltkrieg, sondern schon 1912, aus bulgarischen Flugzeugen auf das türkische Adrianopel, man warf sie mit der Hand und sie sahen sehr lustig aus, wie aus einem Spielzeugladen – dreiunddreißig Jahre vor Hiroshima. Die Erfüllung des Traumes von der Aufhebung der Erdenschwere gipfelt darin, daß man den Tod auf die Erde schleudert. Dies sei, so heißt es in solchen Fällen, nicht Schuld der Technik, sondern die Menschen seien halt ein Gesindel. Das mag schon sein. Um so bedrückender kann aber, welche immer neuen Mittel diese Technik dem Gesindel an die Hand gibt, Mittel, die irgendwann *immer* die Zerstörung herbeiführen, weil sie ins Überdimensionale, Unangemessene hineinreichen.

Die zerstörerische Wirkung des Fliegens ist nicht auf den Abwurf von Bomben beschränkt.

*

Wie beim kriegerischen Fliegen der Sturzflug aus dem Menschheitstraum in die Brutalität stattfindet, aus der Auffahrt zu den Göttern ein Versinken in die Banalität der Zerstörung wird, so ereignet sich beim friedlichen Fliegen der Gleitflug in die nicht minder banale Absurdität:

Auf keinem anderen Gebiet des Verkehrs und wahrscheinlich auf keinem anderen Gebiet der technischen Machenschaften ist das Mißverhältnis zwischen Aufwand und Ergebnis so grotesk. Heere von Ingenieuren, Mechanikern, Piloten, Stewardessen und Lotsen sind tätig, unermeßliche Mengen allerfeinsten Benzins werden verfeuert, Wolken von Abgasen erzeugt und ein infernalischer Lärm gemacht, damit vergleichsweise wenige Passagiere eine schnelle Reise haben. Kaum irgendwo sonst kann ein Unternehmen, dem aus Gründen der Vernunft eigentlich recht enge Grenzen gezogen sind, mit so viel privatem, geschäftlichem und nationalem Ehrgeiz rechnen, der diese Grenzen einfach ignoriert.

Auf höherer Ebene, auf den Himmels-Straßen, wiederholt sich hier der gleiche Unfug, der auf den Land-Straßen in wenigen Jahrzehnten zum Exzeß getrieben worden ist, und einer der wenigen Unterschiede besteht nur darin, daß die meisten von denen, die die Nachteile des Autoverkehrs erleiden, auch an seinen Vorteilen partizipieren, während die Zumutungen des Luftverkehrs auch von denjenigen ertragen werden müssen, die nicht daran denken, je in ein Flugzeug zu steigen. Vergnügen und Bequemlichkeit für wenige verursachen eine Belästigung bis an die Grenzen der Zuträglichkeit für beinahe alle; ganze Stadtteile leben am Rande des Wahnsinns, ganze Schulen betreiben nicht mehr als eine Art Notunterricht, ganze Scharen von Nervenärzten könnten von den Psychopathen leben, welche die Personenbeförderung durch die Luft hervorbringt.

Gemeinsam ist dem Straßenverkehr und dem Luftstraßenverkehr, daß beide so viel Seligkeit der Traumerfüllung, so viel Irrationalität enthalten, daß das Absurde ihres Betriebes selten bewußt und dann ganz schnell wieder verdrängt wird. Aber das gehört ja zur Absurdität: daß man so tut, als sei das alles ganz normal.

*

Die Ärzte, welche die Insassen der vom täglichen Fluglärm beschallten Stadtviertel behandeln, werden nicht von den Fluggesellschaften honoriert, das Geld für sie ist im Preis des Flugtickets nicht enthalten: Dies Beispiel zeigt, daß der Hinweis, der Sinn des Flugwesens erweise sich schon an dem Faktum seiner Rentierlichkeit, fehlgeht. Das Fliegen ist über die Maßen unrentierlich, nur sind die Kosten, die da vorher, nebenher und hinterher anfallen, so gut versteckt, daß weder die Fluggäste noch die, die unten bleiben, merken, wo sie stecken.

Die Bau- und Betriebskosten für die immer größer und immer grandioser geplanten Flughäfen werden zum allergrößten Teil von der öffentlichen Hand aufgebracht, die Landegebühren reichen dazu nicht aus. Die Flugsicherung, die himmlische Verkehrspolizei, so hilflos sie ist, wird aus der Bundeskasse bezahlt. Subventionen und Steuervergünstigungen aller Art, Verlustzuweisungen und einträgliche Abschreibungsmöglichkeiten sind der eigentliche Kraftstoff des Flugbetriebes, aber seine Quellen bleiben für gewöhnlich versteckt und unerkannt, obwohl sie die ganze Veranstaltung überhaupt erst ermöglichen. Die Erfindung und Anfertigung von Flugzeugen ist ein so riskantes und kostspieliges Geschäft, daß es ohne die Hilfe des Staates, das heißt: ohne den Zuschuß auch der Nichtflieger, gar nicht zu betreiben wäre.

Den größten indirekten Zuschuß freilich leisten Millionen von Menschen in den Gegenden um die großen und kleinen Flugplätze herum, indem sie das Dröhnen der Motoren über sich ergehen lassen, ohne eine Entschädigung einzutreiben für die langsame Zermürbung, die an ihnen begangen wird. Selbst wenn Fensterscheiben platzen, kann mit einer Erstattung der Kosten nur rechnen, wer geistesgegenwärtig genug war, die Nummer der Maschine und die Uhrzeit zu notieren: Wo die Ruhe längst nicht mehr heilig ist, bleibt wenigstens die Ordnung heilig.

*

Seit zwei Jahren wallfahrten Pilgergruppen zu einer kleinen Betonkapelle im Erdinger Moos nördlich von München. Die Kapelle ist dem Antonius geweiht, dem Umwelt-Heiligen, dessen Benennung seinerzeit in der richtigen Erkenntnis erfolgte, daß ein Heiliger, der für Verlorenes zuständig ist, am ehesten für die Umwelt kompetent sein müßte.

Das Grundstück bei München, auf dem die Kapelle des Heiligen Antonius steht, hat der Bund Naturschutz als Sperrgrundstück erworben, um den Bau des hier geplanten Großflughafens München II wenn nicht zu verhindern, so wenigstens zu verzögern und der Vernunft noch eine Frist zu kaufen. Noch ziehen sich die Erörterungstermine hin, noch ist nicht ganz sicher, ob das Riesenbauwerk hier oder anderswo oder gar nicht entstehen wird. Aber es ist ein klares Spiegelbild irdischer Zustände, wenn die einen den Beistand des Heiligen Antonius erbitten, auf daß ein säkulares Zerstörungswerk unterbleibe, während sich die anderen womöglich auf den Heiligen Christophorus berufen und die Personenbeförderung vom Erdinger Moos in alle Welt und retour als eine Errungenschaft allerersten Ranges preisen.

Letzte Reserven unbeschädigten Kulturlandes werden aufgebraucht, Dörfer planiert und Bauern vertrieben, damit ein Ansturm bewältigt werden kann, den man als eine Art Naturereignis ausgibt, weil niemand ein Interesse daran hat, zu fragen, ob es sinnvoll ist, sich ihm zu fügen.

Der Traum vom Fliegen endet in der Zerstörung, auch dort, wo man es gar nicht direkt und mit Bomben auf die Zerstörung abgesehen hat.

151

Die offiziell so genannten Lärmzonen jenes Flughafens um-
fassen ein Gebiet von 10 mal 30 Kilometer, das macht 300 Qua-
dratkilometer – doch ist der Lärm nur eines der Werkzeuge,
mit denen hier die Zerstörung in die Wege geleitet wird. Ein
Stern von Zufahrtsstraßen kommt hinzu, mit allem, was sich
daran ankristallisiert; das frißt sich weiter wie ätzende Säure –
und aufs große Ganze gesehen liegt in allem eine absurde Logik: Je weiter die Zerstörung fortschreitet, um so dringlicher
wird es, nach Teneriffa zu fliehen; je mehr Flüchtlinge aber ab-
zufertigen sind, um so weiter muß die Zerstörung getrieben
werden. Die Gebete werden nicht helfen, denn gegen den Exzeß hat nur die Armut Macht.

*

Ihren Gipfel erreicht die Absurdität des Flugwesens in der
Concorde: Der Traum vom Fliegen am Anfang, am vorläufi-
gen Ende ein röhrendes Monstrum, ein Flugsaurier, unter
maßlosen Anstrengungen und unter Einsatz von viel Steuer-
geld von zwei Nationen hervorgebracht zu keinem anderen
Ende als dem, einer dritten zu zeigen, daß man ihr ebenbürtig
ist, und als Vorwand dafür ein Zeitgewinn von drei Stunden
bei der Atlantiküberquerung, – was, gemessen daran, daß man
ja nicht alle Tage den Atlantik überqueren muß, schlechthin
lächerlich ist und vollends gleichgültig wird, wenn man be-
denkt, daß diejenigen, die den (niemals kostendeckenden)
Preis dafür zu zahlen imstande sind, die gewonnene Zeit dann
in einem Restaurant zubringen, welches sich von der Bar in der
Concorde nur durch die Höhe über dem Meeresspiegel unterscheidet.

Der Saurier macht einen so ungewöhnlichen Krach, daß die
Flughafendirektoren und Verkehrsminister in aller Welt sich
einstweilen noch zieren, ihn überhaupt ins Land zu lassen, und
der Knallteppich, den er hinter sich her zieht, nötigt zum Flug
über die Meere. Aber auch wenn man der Concorde, was bisher
nur wenige getan haben, das Recht zur Landung und zum

152

Überfliegen des Landes erteilte, würde sie nicht einmal nach den im Flugwesen geltenden Regeln der Bilanzverschleierung wirtschaftlich fliegen können. So ist das mit den Sauriern. Eine deutsche Zeitung schrieb dazu: »Die Concorde mag ein totgeborenes Kind sein. Aber sie hat das Tor zum Überschallverkehr aufgestoßen.«

Trefflicher ließe sich die Absurdität des Ganzen nicht ins Bild bannen, als daß ein totgeborenes Kind das Tor zum Überschallverkehr aufstößt. Da ist auch fürderhin nichts Gutes zu erhoffen, und es bleibt nur der Trost, daß das tollkühne Verfahren, den technischen Irrsinn auch dann zu finanzieren, wenn man ihn eigentlich nicht bezahlen kann, über kurz oder lang zum Offenbarungseid führen muß.

*

Wenn der Unfug des Flugwesens in der Concorde seine derzeitige Spitze erreicht hat, so gewinnt er seine größte Breite im sogenannten Motorflugsport. Der Traum vom Fliegen wird hier zum Wochenendjux banalisiert, und die Nichtflieger haben es zu büßen, wenn sie bei einem der über 200 Flugplätze leben, auf denen all die kleinen Ritter der Luft ihre knatternde Abart von Exhibitionismus betreiben – hört her, da bin ich. Es ist nicht zu beweisen, kann aber als wahrscheinlich gelten, daß zumindest ein Teil des Genußwertes beim Hobbyfliegen in dem Bewußtsein besteht, daß man die anderen tyrannisiert. Wo die natürliche Hemmung des zivilisierten Menschen, anderen durch Geräusche lästig zu fallen, abhanden kommt, da ist dies fast immer mit der Lust verbunden, dem anderen einen Tort anzutun.

Den Preis dafür, daß einer sich in die Luft erhebt und ein bißchen Ikarus spielt, zahlen tausend andere, die sich des Knatterns nicht erwehren können; würden sie ihre Ungestörtheit mit der gleichen heiteren Brutalität verteidigen, mit welcher die Hobbyflieger auf ihrem Recht zur Lärmerzeugung bestehen – die Hobbyflieger wären längst alle abgeschossen. So beschränkt

sich der Widerstand auf Bürgerinitiativen, die im allergünstig-
sten Falle erreichen, daß minimale Schonzeiten eingerichtet
werden, Mittagspause und Zapfenstreich, gerade genug, damit
die Flieger sich als von Mißgunst verfolgte Minderheit darstel-
len können, bei weitem nicht genug, um die ganze Veranstaltung wieder in den Rahmen zivilisierten Zusammenlebens ein-
zupassen.

Die private Motorfliegerei hat den Segelflug, der nun wirklich als die eindrucksvollste und einleuchtendste Art der Verwirklichung des Traumes vom Fliegen erscheint, buchstäblich
am Schlepptau in die Misere hineingezogen. Der Traum endet
in der Banalität, auch hier, das feine Singen geht unter im
Gröhlen der Motoren ihrer Schleppflugzeuge. Moazagotl
nannte Wolf Hirth, einer der Väter des Segelflugs, ein von ihm
gebautes Flugzeug. Moazagotl: das klingt nach einem azteki-
schen Windgott und sollte wohl auch danach klingen, obgleich
es etwas anderes bedeutet. Es ist anzunehmen, daß Moazagotl
längst geflüchtet ist, über alle Berge, die Zeigefinger in den
Ohren.

*

Daß das Fliegen sich rentiert, ist eine Täuschung, die darauf
beruht, daß die Rechnungsposten auf die falschen Bücher verteilt werden. Daß das Fliegen überhaupt funktioniert, ist der
pure Zufall. Die Zahl der sogenannten Beinahezusammenstöße
lag im vorigen Jahr bei 320. Das liegt, verwaltungstechnisch
gesehen, an der Zersplitterung der Zuständigkeiten und an
mangelnder Information; in Wirklichkeit freilich hängt es damit zusammen, daß die Erfüllung von Träumen ihre Grenzen
hat:

Zahlreiche Liniendienste befördern ihre Passagiere kreuz
und quer über die Länder, Militärmaschinen aller Art absol-
vieren im Hoch- und Tiefflug ihre unberechenbaren Übungen,
Geschäftsleute eilen in eigenen Maschinen von Konferenz zu
Konferenz, Motorsportler drehen ihre Runden, Segelflieger

154

gleiten von Aufwind zu Aufwind, auch Hubschrauber sind unterwegs – so groß ist selbst der Himmel nicht, daß sich so viel Gewimmel in ihm verlöre und sich nicht in die Quere käme. So vollzieht sich das Fliegen, von Anbeginn und jetzt erst recht als Mittel der Kriegsführung genutzt und mit allem Aufwand betrieben, zugleich bis ins letzte kommerzialisierbare Detail zum Gegenstand von Handel und Gewerbe geworden, über unseren Köpfen als eine Art von Russischem Roulette, beständig mit Höllenlärm untermalt – der alte Menschheitstraum, ein erhebendes Erlebnis gewiß, aber verkommen zu einem prahlerischen Spektakel, das sich weit über die Grenzen des Nützlichen und Angenehmen hinaus aufgebläht hat. Das ist nicht die Verwirklichung eines Traumes, sondern seine Zerstörung, ein Sturzflug in die Banalität.

Moazagotl ist über alle Berge – und kreischend folgt ihm das totgeborene Kind, welches das Tor zum Überschallverkehr aufgestoßen hat.

Vom Blutdruckmessen
und von verlorenen Maßen

Die Weltgesundheitsorganisation WHO ist gewiß über den Verdacht erhaben, nostalgischer Gemütsbewegungen fähig zu sein. Wenn sie davor warnt, eine international beschlossene Neuerung in die medizinische Praxis umzusetzen, dann darf man also ziemlich sicher sein, daß sie sich nicht von der blinden Liebe zum Überlieferten leiten läßt, sondern wirklich Gründe hat, die Neuerung unzweckmäßig zu finden.

Die Quecksilbersäule, die in den Blutdruckmeßgeräten den Blutdruck anzeigt, wurde bisher nach Millimeter gemessen, – aber, so sagten die Physiker und Maß-Experten, die im letzten Jahrzehnt das Meßwesen gründlich umgekrempelt haben: das Millimeter ist ein Längenmaß, jedoch der Blutdruck keine Länge, also darf er auch nicht mit dem Millimetermaß gemessen werden. Für den Druck aber, also für das Maß der Kraft, die auf eine Fläche wirkt, schufen sie als neue Einheit das Pascal, und weil ein Pascal ziemlich klein ist, liegen die vom Blutdruck erreichten Werte in der Größenordnung des Kilopascal. Daß diese neue Einheit seit Anfang des Jahres, gesetzlich verordnet, auf den Skalen der Blutdruckmeßgeräte erscheinen muß, hält die WHO (und mit ihr übrigens die »Deutsche Liga zur Bekämpfung des Bluthochdrucks«) für verhängnisvoll, weil zahllose Hypertonie-Patienten ihren Blutdruck selber messen, ihre Behandlung selber darauf einstellen und nun, mit der neuen Skala, in Verwirrung gestürzt werden. Schwerwiegende Irrtümer, gar Todesopfer könnten die Folge sein, und die Ärzteliga sieht jahrzehntelange Bemühungen um Aufklärung zunichte gemacht, – und dies nur, damit dem von Behörden geförderten Hang der Physiker und Mathematiker nach Perfektion und Konsequenz gedient werde.

Diejenigen, die darüber nachsinnen, warum Wissenschaft und Technik nicht mehr einhellig als Helfer und Wohltäter anerkannt, sondern schweren Vorwürfen und Verdächtigungen ausgesetzt sind, sollten an derlei Nebensachen nicht vorbeisehen. An solchen Punkten zeigt sich vielleicht am deutlichsten, daß viele sogenannte wissenschaftlich-technische »Sachzwänge«, die uns bedrängen und bedrücken, gar keine solchen sind. Nichts und niemand zwingt dazu, eine praktikable und inzwischen jedermann bekannte Maßeinheit für den Blutdruck durch eine neue zu ersetzen, die den einzigen Vorteil hat, logisch und physikalisch etwas perfekter zu sein – ein Vorteil, der um so geringer ist, als auch das neue System von Einheiten, dem das Pascal entstammt, noch eine beträchtliche Anzahl der lächerlichsten logisch-physikalischen Ungereimtheiten enthält und gar nicht so konsequent ist, wie es tut.

Das Dekret, mit welchem das Pascal in die Praxis der Blutdruckmessung eingeführt wurde, ist nichts weiter als das Dokument einer absolutistischen Macht der Experten, feudale Willkür in der Verkleidung der Wissenschaft, ein bißchen Wichtigtuerei als Dreingabe.

Auf der Strecke bleiben dabei nicht nur die schlichten Erfordernisse einer täglichen Praxis, in der sich Ärzte und Patienten mit einer Millimeterskala natürlich leichter tun als mit einer neu definierten, – auf der Strecke bleibt auch der letzte Rest von Anschaulichkeit, der manchen Meßvorgängen allen gegenteiligen Bemühungen zum Trotz doch noch anhaftet und der ja gerade dann einen Sinn hat, wenn es um lebensentscheidende Vorgänge am eigenen Körper geht. Daß das Gewicht der auf- und abgehenden Quecksilbersäule dem Blutdruck entspricht, ist ein anschauliches Größenverhältnis und seine meßtechnische Umsetzung in das Längenmaß dieser Säule plausibel, – das Kilopascal dagegen ein eher einschüchterndes und beunruhigendes Maß ohne jede sichtbare Verbindung zur Realität: Immer mehr entweicht aus allen Wissenschaften und ihren Anwendungsformen das Irdisch-Anschauliche und macht dem kunstreich Ausgeklügelten Platz. Dem Gewinn an wissenschaftlicher Präzision entspricht stets ein Verlust an menschenfreundlicher Begreifbarkeit. Gerade bei den Maßen sollte ein solcher Verlust des Vertrauten nicht zu leicht genommen werden, – die Maße sind eines der Mittel, mit denen wir uns in dieser Welt zurechtfinden und unseren Teil davon handhaben.

Nicht komisch, wie manche meinen, sondern durchaus erklärlich muß es einem demnach erscheinen, daß in den angelsächsischen Staaten (wo bis vor kurzem noch Maße galten, die zum menschlichen Erfahrungsbereich eine bildhafte Beziehung hatten) eine kleine, aber beharrliche und lebhafte Opposition am Werk ist, die für *foot* und *acre*, für *pint* und *inch* und *pound* kämpft, nachdem inzwischen auf den Ratschluß nicht immer rein demokratischer Gremien auch hier die Segnungen des metrischen Systems Einzug gehalten haben.

Manche Argumente der Anti-Metriker in England und Amerika mögen schwach oder weit hergeholt sein, viele Argumente der Verfechter einheitlicher metrischer Maßstäbe innerhalb der industrialisierten Welt dagegen überzeugend und kaum zu widerlegen. Gleichwohl steckt ein Körnchen Wahrheit in der Feststellung einer anti-metrischen Publikation, in der es heißt: »Wir sind Zeugen eines weltweiten Angriffs auf die menschliche Kultur und die menschlichen Werte.« Tatsächlich wird ja hier der Wert der jedermann einsehbaren Anschaulichkeit und Plausibilität beseitigt, an seine Stelle tritt etwas Abstraktes, das von Fachleuten ersonnen und oft genug nur ihnen durchschaubar ist.

Geheime Mächte wittern manche Antimetriker dahinter, – wohl nicht zu Unrecht, wenn auch vielleicht nicht so sehr im von ihnen gedachten Sinne anonymer Wirtschaftsmächte oder anderer gottloser Weltverderber, wohl aber im allgemeineren Sinne der Macht einer rücksichtslosen Verwissenschaftlichung und Kommerzialisierung, die nicht einmal dem Bauern mehr gestatten mag, sein Land nach *acre* oder *yards* zu messen, nach Maßstäben, die unmittelbar seinen Lebens- und Arbeitserfahrungen entsprechen und in ihrer Abstufung auf seine Bedürfnisse zugeschnitten sind, während die metrischen Maße damit

nichts mehr zu tun haben. Bei uns sind Fuß und Elle, Spanne
und Morgen schon lange obsolet geworden. Für Handel und
Gewerbe hat das gewiß den schätzenswerten Vorteil schneller
Vergleichbarkeit und allgemeiner Geltung. Doch sei so etwas,
sagen die Antimetriker, abstrakt und unmenschlich, und daran ist mindestens soviel richtig: daß die endgültige Abschaffung der am Menschen selbst und seiner unmittelbaren Umgebung gewonnenen Maßstäbe eines der Verfahren ist, mit denen
man die Welt hergerichtet hat, um sie anschließend desto leichter zerstören und ihre Einzelteile verkaufen zu können. Die
Dezimierung der Welt ist mit ihrer Dezimalisierung eng verknüpft.

Trojanische Pferde,
vorher und nachher

CoGENE heißt die Abkürzung für ein Internationales Komitee für genetisches Experimentieren, und wer das Kürzel auf den ersten Blick für den Firmennamen eines Multis hält, hat so unrecht nicht: Tatsächlich dienen ja die genetischen Experimente, die in aller Welt Hochsaison haben, nicht nur der Wissenschaft als solcher, sondern sind ausdrücklich als Vorarbeiten für künftige genetische Industrieproduktion gedacht, und ein großer Teil von ihnen wird folglich auch in den Laboratorien jener pharmazeutischen Fabriken veranstaltet, die uns für die Zukunft billige Medikamente aller Art verheißen. Kaum jemals ist so deutlich geworden, daß nicht die Ware eine späte Frucht am Baume wissenschaftlicher Erkenntnis, sondern die Erkenntnis ein bei der Warenherstellung entstehender Abfall ist. Das internationale Komitee CoGENE (das demnach besser GENE & Co hieße) hat soeben dem in Genetikerkreisen obwaltenden Optimismus Ausdruck gegeben und öffentlich bekanntgemacht, daß die Menschheit von den genetischen Fortschritten eine schier überwältigende Fülle von Einsichten und anderen Wohltaten zu erwarten und keinerlei unvorhersehbare und unüberwindbare Probleme zu gewärtigen habe – eine Schönfärberei, die den Stand der Dinge nur darin richtig wiedergibt, daß sie die Vorherrschaft der Reklame über die Wissenschaft dokumentiert.

Das Lied vom unproblematischen Segen der Gentechnologie, in fröhlichem Dur vorgetragen, hat einen Refrain, welcher in Moll steht und besagt: daß nur die Sensationsgier sittenloser Journalisten und die Beschränktheit der von ihnen in Angst gejagten Laienmenschen an der ganz überflüssigen Diskussion über Risiken genetischen Experimentierens schuld seien und

160

damit auch an den viel zu strengen, dem Fortschritt hinderlichen Arbeitsrichtlinien für Genetiker.

Immer öfter taucht in diesem Zusammenhang neuerdings ein verblüffendes Argument auf, mit dem man die Kritiker zu besänftigen trachtet. Ein Spezialist für epidemische Darmkrankheiten, Dr. E. S. Anderson aus London, Mitglied der Royal Society, hat es neulich wieder aufs Tapet gebracht.

Die Risiken der genetischen Manipulation, sagt Anderson, sind nicht von heute oder morgen, sondern von vorgestern, und das ganze Lamento darüber, sagt Anderson, ist insofern gegenstandslos, als bereits seit zwanzig Jahren unbeanstandet ein genetischer Großversuch im Gange ist, der längst Hunderttausende von Opfern gefordert hat. Die Antibiotika nämlich sind, sagt Anderson, in so verschwenderischem Maße angewendet worden, daß genau das geschehen ist, was die Kritiker der genetischen Bakterienexperimente befürchteten: Aus alteingesessenen Bakterienpopulationen sonderten sich neue Stämme mit neuen und gefährlichen Eigenschaften ab, vor allem mit angeborener Resistenz gegenüber den Antibiotika. Ganze Epidemien, denen man machtlos gegenübergestanden habe, seien die Folge dieser Entwicklung gewesen, aber jeden Versuch, sie durch Einschränkung des Antibiotikaverbrauchs aufzuhalten, habe die pharmazeutische Industrie erbittert bekämpf – sagt Anderson. Gemessen an diesen tatsächlich vorhandenen Risiken seien die Risiken der neuen Gentechnologie nur ziemlich frei erfundene Schreckgespenster.

Natürlich läßt sich der Verdacht, daß die Gentechnologie uns Kopfschmerzen bereiten könnte, nicht ernstlich mit dem Hinweis abtun, daß die Antibiotika uns schon Bauchschmerzen bereitet hätten – aber das Argument des Dr. Anderson fügt der Diskussion doch einen bemerkenswerten historischen Aspekt hinzu, eine Parallele, wie sich bei genauerem Hinsehen zeigt. Denn die Ausgießung der heilenden Antibiotika, deren freventlichen Mißbrauch Anderson heute so bitter beklagt, war ja seinerzeit von den gleichen Versprechungen begleitet wie heute die Gentechnologie, und wie heute gab es auch damals schon

Leute, die, unter dem Hohngelächter der Experten, zu bedenken gaben, daß die exzessive Anwendung vielleicht unerwünschte und unvorhersehbare Folgen haben könnte. Nun, da die ersten Folgen sichtbar geworden sind und Dr. Anderson schon droht, die neuen resistenten Bakterienstämme wären nie wieder aus dieser Welt zu tilgen, nun, da uns gerade aus Südafrika die Geburt einer ganz neuen Form von Lungenentzündung gemeldet wird, gegen die kein Mittel hilft und deren baldige Verbreitung über die ganze Erde man immerhin für möglich hält, nun also, in eben dem Augenblick, da sich zum Antibiotika-Rausch der Kater einstellt, kündet man hochgemut den Beginn einer wiederum neuen Ära an und lacht wiederum diejenigen aus, die darauf hinweisen, daß unsere Kenntnis von den Bedingungen genetischer Veränderungen viel zu gering ist, als daß wir mit einiger Sicherheit voraussagen könnten, ob das Hantieren mit Bakterien und Viren und ihren Erbeigenschaften wirklich ohne schlimme Folgen bleibt.

Dabei sind die Experimente mit niederen Organismen ja nur ein kleiner Teil der genetischen Bemühungen. Welche Veränderungen der Lebensformen weit darüber hinaus noch ins Auge gefaßt werden, hat 1962 das berüchtigte CIBA-SYMPOSIUM gezeigt, auf dem die führenden Genetiker der Welt ihre Vorstellung vom verbesserten Menschen der Zukunft präzisierten und viel ernste Überlegungen auf die Frage verwandten, ob es zweckmäßig sei, lauter kleine Einsteins anzufertigen oder ob man nicht, schon wegen der Kanalreinigung, auch einige Kretins erzeugen müsse. Von den Schnittmustern, die damals für einen neuen, genetisch zubereiteten Über- und Untermenschen entworfen und zur alsbaldigen Ausführung empfohlen wurden, hört man nichts mehr, aber das heißt ja nicht, daß die unflätigen Pläne ad acta gelegt worden wären, sie sind nur zu peinlich deutlich, als daß man sie einem argwöhnisch gewordenen Publikum noch zumuten könnte.

Trojanische Pferde allenthalben. Als Geschenk des Fortschritts werden sie in die Stadt geholt, aber erst wenn aus ihren Bäuchen ans Licht gekommen ist, was manche schon vorher darin vermuteten, erst dann wissen wir, welcher Preis uns für das Geschenk abgefordert wird.

Als man uns die Antibiotika halbliterweise verschrieb, wurde die Warnung, dies könne unabsehbare Folgen haben, mit dem Bescheid abgefertigt, dann müßten eben immer mehr und immer neue Antibiotika nachgeschoben werden. Jetzt stimmt das alles nur noch zur Hälfte. Die Antibiotika haben Abermillionen geheilt und vom Tode errettet. Sie haben zumindest Hunderttausende dem Tod durch neue Krankheiten ausgeliefert. Wer hier die Millionen gegen die Tausende aufrechnen möchte, hätte mit der Bilanz zu warten, bis sich zeigt, ob nicht die nächsten Jahre und Jahrzehnte auf der Soll-Seite der unheilbaren Krankheiten neue Posten bringen werden, die dazu zwingen könnten, über die Antibiotika das Konkursverfahren zu eröffnen.

Als man uns den Beginn einer friedlichen Atomenergieerzeugung ankündigte, versprach man billige Energie, redete nicht von den Problemen, und wer davon redete, galt als so gut wie verrückt. Inzwischen ist auch aus dem Bauch dieses Trojanischen Pferdes allerhand herausgequollen, und nicht nur leeres Stroh.

Als man uns die Mikroprozessoren und Datenverarbeitungsmaschinen offerierte, deren kaum beklemmend genug zu denkender künftiger Einfluß auf unser Tag- und Nachtleben sich immer deutlicher enthüllt, da versprach man uns eine Art von Heinzelmännchen, die leicht und mit Nutzen zu handhaben wären; jetzt zeigt sich, daß sie eher dazu dienen werden, uns leicht und mit Nutzen handhabbar zu machen. Und so weiter: Trojanische Pferde, als Geschenke des Fortschritts in die Stadt gezogen – was sie kosten, erfahren wir erst später, so wie wir auch die Kosten des genetischen Fortschritts erst dann erfahren werden, wenn die Versicherung des COGENE-Komitees, er sei gratis zu haben, längst vergessen ist.

So wie die Dinge liegen, ist es also nur realistisch, daß man hinter jedem Versprechen eine Drohung argwöhnt und den Laboranten auch dann nicht traut, wenn ihre Verheißungen einschmeichelnd und plausibel klingen, so plausibel wie zum Beispiel die Nachricht, die aus dem Institut für Biophysik in Pushkino kommt:

Die Methoden fortschrittlicher Gen-Technologie, so verlautet von dort, könnten dazu taugen, längst ausgestorbene Lebewesen wieder in die Welt zu setzen, wenn man nur über irgendwelche winzigen, aber gut konservierten Reste von ihnen verfüge. Tatsächlich ist ja in jeder einzelnen Zelle jedes Organismus der vollständige Konstruktionsplan des ganzen Körpers enthalten, und die Methoden, aus einer solchen Einzelzelle das ganze Lebewesen zu erschaffen, sind schon weit gediehen. Die Laboranten aus Pushkino, Veprintsev und Rott mit Namen, behaupten zwar nicht, daß es morgen schon gelingen werde, etwa aus den im sibirischen Eis gefundenen Überresten des Mammuts dieses im Fleische neu erstehen zu lassen, – aber übermorgen, sagen sie, möchte es wohl geschehen: das Mammut und manche anderen Wesen, die mit oder ohne Zutun des Menschen ausgelöscht worden sind, könnten durch die Hintertür wieder in diese Welt kommen, vorausgesetzt, daß irgendwo ein Spirituspräparat zur Hand ist oder ein Kadaver im Eis konserviert blieb.

Weit wichtiger als die Wiederherstellung zoologischer Sehenswürdigkeiten der Vergangenheit sei aber – so sagen Veprintsev und Rott – der Gedanke an Gegenwart und Zukunft: Die derzeit vom Aussterben bedrohten Tier- und Pflanzenarten in zoologischen und botanischen Gärten als eine Art Souvenir zu pflegen, sei mühevoll und nicht immer erfolgreich; viel einfacher, ein paar Zellen von jeder Art in Plastiktütchen zu tun und ins Tiefkühlfach zu legen.

Es gehört ja schon viel Genügsamkeit dazu, das Vorhandensein von Seeadlern in manchen zoologischen Gärten als Trost dafür zu akzeptieren, daß sie sonst so gut wie ausgestorben sind; es bedürfte aber eines geradezu übermenschlichen Abstraktionsvermögens, um auch nur ein Quentchen Sinn aus dem Gedanken zu ziehen, daß der Seeadler, wenn er schon ausgerottet wird, wenigstens in Gestalt eines tiefgefrorenen Fleischfetzens überdauert. Man muß wohl Genetiker sein, um eine solche Art von Vorratswirtschaft für einen guten Einfall zu halten. An die Wiederauferstehung des Schnetzelfleisches ist ja um so weniger zu denken, als die widrigen Lebensumstände, denen jene Wesen zum Opfer gefallen sind, genau so lange anhalten werden, wie es auch genetische Laboratorien gibt; das heißt umgekehrt, daß es, wenn je bessere Zeiten anbrechen sollten, dann keine genetische Laboratorien mehr gäbe, die aus dem Schnetzelfleisch wieder lebendige Tiere machen könnten. Die Schnetzel haben also, bestenfalls, den Wert einer Attrappe, hinter der sich die schlichte Wahrheit verbirgt, daß man den Seeadler, den Laubfrosch und die Fledermaus nur retten – oder für immer untergehen lassen kann.

Mehr noch: Wenn die Laboranten sich anheischig machen, Zug um Zug mit der fortschreitenden Demolierung der Natur deren Reste einzuwecken, dann könnte das gerade denjenigen, welche die Demolierung betreiben, als Vorwand gelegen kommen, um jetzt erst recht die große Flutwelle schießen zu lassen, den Schwall der Gifte und Dünste, die Woge der Autos, die Lavaströme des Betons, es könnte sie geradezu ermuntern, weiter abzuholzen, zu verseuchen, zu schlachten, auszutilgen, und alle, die sich beklagen, auf die Kühlschränke zu verweisen, in denen die Reste des Reichtums dieser Erde vor sich hin frieren, ohne die geringste Aussicht, daß die Umstände, in denen sie aufzuleben vermöchten, je wiederkehren.

Es mag ja sein, daß die Laboranten, schwachsichtig wie sie einmal sind, gar nicht wahrnehmen, daß sie mit ihren Einmach-Rezepten nur der Täuschung über den wahren Stand der Dinge Vorschub leisten und die Zerstörung befördern, indem sie ihre Folgen zu verhüllen helfen; aber wenn ihre Augenschwäche die Laboranten entschuldigt, dann wird die Frage um so dringender, ob man sie nicht ersuchen sollte, ihre Laboratorien zu schließen und sich für eine Weile dem Studium der Ethik zuzuwenden.

Verteidigung
einer Genfer Verkäuferin
gegen zwei Physiker

Manche Fotografien zeigen nicht einmal das, was sie zu zeigen
vorgeben, und manche zeigen weit mehr und oft sogar das genaue Gegenteil von dem, was sie eigentlich zeigen wollen oder
sollen. Kürzlich gab es zum Beispiel in einer ziemlich wissenschaftlichen Zeitschrift ein Foto zu sehen, welches einen großen
Fortschritt, um nicht zu sagen einen sogenannten Durchbruch
auf dem Gebiet der Hirntumor-Diagnose veranschaulichen
wollte: Auf einer Glasplatte steht ein menschlicher Schädel,
zahnlos, verdrossen; rechts und links davon zwei viereckige
Apparaturen, die den Schädel etwa um das Doppelte überragen
und aussehen wie eine HiFi-Stereo-Anlage mit Knöpfen und
Kontrollampen und mit Dutzenden von Buchsen, in denen
Dutzende von Kabeln stecken. Nabelschnüre, die die Apparate
mit einem Computer verbinden. Der Computer zählt und deutet die Impulse, die von einer im Inneren des Schädels verborgenen Strahlen-Quelle ausgehen, und insofern ist das Ganze
ein Meisterstück der Forschung, denn es ermöglicht die haar-
genaue Lokalisation und Vermessung eines Tumors innerhalb
des Schädels, den man sich, im Ernstfall, nicht als auf eine
Glasplatte montiert, sondern als auf dem Halse eines Lebenden sitzend vorzustellen hat.

Man kann aber nicht sagen, daß von diesem Bild des Schädels zwischen den Apparaten irgend etwas von Hoffnung oder
Vertrauen ausginge und daß daraus auch nur ein Funken
Freude über den Fortschritt medizintechnischer Verrichtungen
zu gewinnen wäre; eher macht der von HiFi-Kästen flan-
kierte Schädel ein hilfloses Eingezwängtsein sinnfällig, und
die vielen Nabelschnüre legen den Gedanken nahe, daß man
schon von einer erdrosselt werden kann.

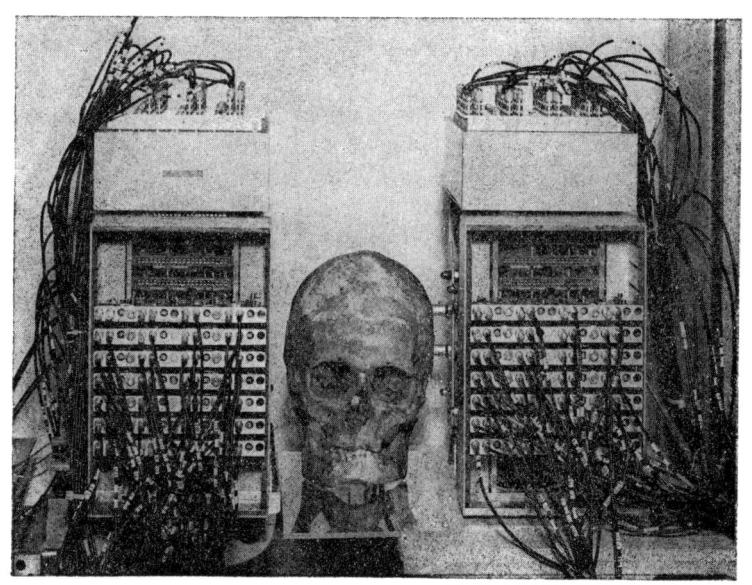

Das Bild zeigt mehr und eigentlich das Gegenteil von dem, was es zeigen soll; es soll einen Erfolg signalisieren und läßt eher an schwere Not denken. Es wurde aufgenommen in einem Laboratorium des CERN, der Europäischen Organisation für Nuklearforschung und Hochenergiephysik in Genf, und erschien in einer für die breitere Öffentlichkeit bestimmten Berichtszeitschrift dieses Instituts, im CERN COURIER. Bei CERN arbeiten über dreitausend ernste europäische Wissenschaftler, aber zumindest denen, die im CERN COURIER über den neuen Apparat berichteten und das Schädelfoto vorzeigten, sitzt auch der Schalk im Nacken. Der Schädel, so schreiben sie, der sich in irgendeinem Schrank von CERN gefunden habe, sei möglicherweise der Überrest eines unbeliebten Abteilungsleiters. Um die tatsächlichen Bedingungen innerhalb eines lebenden Kopfes zu simulieren, so schreiben sie weiter, hätten sie den Schädel mit Wasser gefüllt, doch habe der Schädel geleckt, und deshalb hätten sich zwei unerschrockene CERN-Forscher mit ihm in ein Genfer Warenhaus begeben, um eine passende Badekappe aus Gummi zu erstehen und den Schädel damit abzudichten.

Es habe aber, so berichtet der CERN COURIER weiter, die Verkäuferin im Warenhaus darauf bestanden, daß die Anprobe der Badekappe in einer Kabine stattfinde und daß deren Vorhang zugezogen werde. Ein Ausrufungszeichen setzt der CERN COURIER hier und macht damit deutlich, wie ungemein lächerlich es die unerschrockenen Hochenergiephysiker gefunden haben, daß die erschrockene Badekappenverkäuferin einen Vorhang zwischen sich oder das Publikum und die Anprobe einer Badekappe auf einen beinernen Menschenschädel gezogen wissen wollte. Vielleicht war die Verkäuferin der Vorstellung fähig, es könnte zum Beispiel ihr eigener Großvater sein, dem die Physiker ein Käppchen überziehen wollten, oder sie war feinfühlend genug, um zu fürchten, daß jemand aus dem Publikum solche Gedanken haben könnte; vielleicht fand sie das Ganze auch nur einfach auf unbestimmte Weise geschmacklos und anstößig. Nun ist ja zuzugeben, daß heutzutage mit Schädeln, lebenden oder toten, vieles begangen wird, wogegen das Anprobieren einer Badekappe als unschuldiger Schabernack erscheint, so daß die Regungen der Verkäuferin als Ausdruck einer ganz unzeitgemäßen Empfindsamkeit angesehen werden könnten – doch würde die Tatsache, daß die Erschrockenheit der Verkäuferin als Anachronismus zu gelten hätte, den Vorgang noch bedrückender machen und den Hohn der CERN-Physiker noch grausamer:

Die Verkäuferin hatte die zutreffende Ansicht, daß ein Schädel nicht schon dadurch komisch ist, daß der zu ihm gehörende Mensch nicht mehr lebt, und sie hat offenbar bemerkt, daß, wenn man einem solchen Schädel aus wissenschaftlichen Gründen eine Badekappe überziehen muß, der Witzgehalt einer solchen Situation gering ist gegenüber ihrem Gehalt an Schimpf und Kränkung, so daß sie nur von demjenigen überhaupt als witzig empfunden werden kann, der die Kränkung selbst als einen Witz ansieht. Der Begriff der Leichenschändung ist kein physikalischer Begriff und der Umgang mit den Teilchen der Physik mag den Sinn für die Teile des Menschen verkümmern lassen – aber die Verkäuferin hatte zumindest noch eine Erinnerung daran, wodurch sie sich den beiden Hochenergiephysikern in einem wichtigen Punkt weit überlegen zeigte. Vom CERN COURIER öffentlich mit Ausrufungszeichen verspottet zu werden, hat sie mit nichts verdient.

Nicht völlig undenkbar erscheint, daß einer, der einen Hirntumor hat, es lieber sähe, von einer Genfer Verkäuferin in einer Umkleidekabine versteckt und hinter einem wohltätigen Vorhang seinem Sterben überlassen zu werden, als zwischen HiFi-Kästen geklemmt und einer Bedienungsmannschaft ausgeliefert zu sein, die weniger an den Tumor als an die Hochenergiephysik denkt, wie ja auch die Mittel, die den Hochenergiephysikern zum Zwecke der Tumorbekämpfung zufließen, weniger die Tumorentwicklung hemmen als vielmehr die Entwicklung der Hochenergiephysik befördern. Was genausowenig zum Lachen ist wie der Schädel auf der Glasplatte zwischen den Nabelschnüren, der weit mehr zeigt, als er eigentlich zeigen soll.

Rosa Brillen für
die Hühnerseelen

Es kommt nicht immer darauf an, daß man etwas Neues erfindet; es kann auch genügen, daß man für etwas, was schon
erfunden worden ist, ein neues Anwendungsgebiet entdeckt.
Aus Amerika kommt die Nachricht, daß man dort, übrigens
schon seit längerer Zeit, versucht, die nützliche Erfindung der
Kontaktlinse noch nützlicher zu machen, indem man sie nicht
nur zur Verbesserung der Sehfähigkeit, sondern auch zu deren
Verschlechterung anbietet.

Freilich denkt man dabei nicht an Menschen, sondern an
Hühner. Ein Hühnerfarmer hatte festgestellt, daß die Angriffs-
lust der Tiere sich stark vermindert, wenn sie einen Katarakt,
also eine Linsentrübung erlitten haben. Da sie nicht mehr viel
sehen, streiten sie auch nicht mehr so viel, und da die Hackordnungskämpfe regelmäßig hohe Verluste unter den Hühnern verursachen – die Statistik spricht von 25 Prozent – ist ein
friedliches Hühnervolk weit rentierlicher als ein kämpferisches.

Nichts lag also näher als der Gedanke, die einträgliche
Schwachsichtigkeit mit Hilfe von Kontaktlinsen künstlich herbeizuführen. Tatsächlich fand man, daß Hähne ihre Aggressi-
vität verlieren, wenn man ihnen Kontaktlinsen appliziert, die
nur noch ein getrübtes Bild der Umwelt durchlassen, und daß
Hennen mit dunkelroten Linsen vor den Augen »den Kopf
nicht mehr so stolz hochtrugen« und »ein unterwürfiges Verhalten« zeigten, und daß zugleich ihre Legebereitschaft an-
stieg.

Den Stolz der Hennen zu brechen und ihre Produktivität zu
erhöhen: ein hohes Ziel, nicht ohne symbolischen Beigeschmack
und aller Anstrengungen würdig. Man experimentierte mit allen denkbaren Linsenformen und -farben, man erfand auch

schon einen Apparat, in den man die Hennen einzwängen kann, um ihnen die Kontaktlinsen anzupassen, und einmal hat man sogar schon den Versuch gemacht, einen größeren Posten roter Linsen an den Mann zu bringen, was aber mißlang, weil die Hennen entzündete Augen und Lidgeschwüre bekamen.

Nun sucht man nach Materialien, gegen die sich das Hühnerauge nicht mit Geschwüren wehrt, und was für Menschen gefunden worden ist, sollte auch für Hühner zu finden sein. Die Marktchancen, so hat eine Untersuchung ergeben, sind verlockend, der sogenannte Durchbruch steht, wie der amerikanische Bericht meldet, für die nahe Zukunft bevor. Der Reingewinn, den die Anwendung von Kontaktlinsen dem Hühnerhalter verspricht, liegt bei 10 Cents pro Huhn, was sich bei den nach Abermillionen zählenden Hühnervölkern ganz schön summieren kann.

Vielleicht können die trüben oder roten Linsen auch jenen Hühnern von Nutzen sein, die in Batteriekäfigen aufeinander herumhacken; wenn sie ihr Elend nur noch verzerrt oder in beschönigenden Farben erblicken können, mag das ihr Gemüt beruhigen. Es ist eine Art optisches Doping, eine rosa Brille für die Hühnerseele, ein neuer Sieg von Wissenschaft und Technik für die Humanisierung des modernen Lebens. Die Tierschützer werden es schwer haben, nachzuweisen, daß ein Verfahren, welches den Streß mindert und die Legetätigkeit erhöht, gleichwohl ein Muster manipulatorischer Perversion sein kann und daß der Friede, der da auf dem Hühnerhof einkehrt, eher gespenstisch ist.

Es kommt nicht darauf an, daß man eine neue Erfindung macht, sondern es kann für den Fortschritt durchaus genügen, daß man für eine alte Erfindung ein neues Anwendungsgebiet findet. Eben darum klingt die Nachricht von den Kontaktlinsen für Hühner nicht nur grotesk, sondern auch etwas beunruhigend: Wie denn, wenn man das Prinzip der Kontaktlinse nun umgekehrt von den Hühnern wieder auf die Menschen zurück überträge und rotgefärbte, künstlich getrübte oder sonst die Welt verändernde Kontaktlinsen erzeugte, vielleicht auch gel-

171

be, die, wie die Nebelbrillen der Autofahrer, noch den grauesten Tag mit immerwährendem Sonnenschein erhellen können, kurz, Linsen, welche die Aggression vermindern und die Produktion erhöhen und Hackordnungskämpfe unterbinden: partielle Blindheit als Mittel allgemeiner oder spezieller Befriedigung. Der Gedanke erscheint absurd, doch ist nicht auszuschließen, daß manche ihn verlockend finden werden.

Genesis,
mit Starkstromanschluß

Die Größe eines Fortschrittes, so heißt es bei Friedrich Nietzsche, bemesse sich nach der Masse dessen, was ihm alles geopfert werden mußte.

Vor den Altären des Fortschritts, auf denen diese Opfer gebracht werden, herrscht großes Gerangel, denn unter der Schar derer, die dort als Obulus niederlegen, was sie zuvor anderen abgefordert haben, mischen sich immer mehr Unzufriedene, die die Opfer von gestern und vorgestern zurückfordern oder die doch wenigstens zu verhindern trachten, daß immer höhere Preise für immer zweifelhaftere Fortschritte fällig werden.

Das ist nicht leicht. Denn es geht nicht nur um den Fortschritt als solchen, der sich lange einer herzlichen und nicht einmal durch die immensen Fortschritte auf dem Gebiet der Explosivstoffe und Strahlenwaffen zu erschütternden Verehrung erfreut hat, – es geht vor allem ums Geld; und weil diejenigen, die es einnehmen, kaum je mit denen identisch sind, die die Opfer bringen, ist die Hoffnung gering, daß es gelingen könnte, dem Handel ein Ende zu machen, – es sei denn, der ganze Tempel flöge in die Luft, was ja nicht mehr auszuschließen ist.

Daß der wissenschaftliche Fortschritt in Geld umgesetzt wird, ist keine neue Erkenntnis. Neu sind freilich gewisse Formen dieser Umsetzung, etwa der unter Genetikern üblich werdende Brauch, daß sich Wissenschaftler, deren Forschungsarbeit aus öffentlichen Kassen finanziert wird, zu Teilhabern privater Genfabriken machen lassen, um dann dereinst, wenn sie ihre Wissenschaft bei den Fabriken zur weiteren Verwertung abgeliefert haben, auch am Reingewinn zu partizipieren. Vor Zeiten war so etwas strikt verpönt, – aber dem Fortschritt müssen Opfer gebracht werden.

Zu sagen oder zu schreiben, daß der wissenschaftliche Fortschritt dem *money-making*, der Geldmacherei, diene, würde dem, der es sagt oder schreibt, freilich immer noch den Vorwurf ungesitteter Ausdrucksweise eintragen. Gewiß gibt es feinere Ausdrücke dafür, aber der unfeine stammt sozusagen aus dem Raum der Wissenschaft selber und steht in einer Anzeige im *new scientist*, einer englischen Wissenschaftszeitschrift. Ein großes Forschungszentrum wirbt da um Mieter für Laboratoriums-Appartements und lockt sie an mit der Versicherung, das Zentrum sei entworfen von und gedacht für Leute, die ganz genau wissen, was nötig ist, um neue wissenschaftliche Ideen umzusetzen in *money-making practicalities*, um also aus dem Quell der Erkenntnis zuerst diese, sodann aber Geld zu schöpfen.

Das wäre nun alles kaum der Rede wert, wenn nicht das Forschungszentrum, in welchem man ein Laboratorium beliebiger Größe samt Müllschlucker und Anschluß an den Zentralcomputer mieten kann, auf den Namen GENESIS getauft worden wäre. Genesis, die Schöpfung, die Erschaffung – auf dem Anzeigenbild steht das Wort im strahlenden Himmel über den Gebäuden des Zentrums wie das Schlüsselwort einer besseren Zukunft, wiewohl doch die dreiste Anmaßung, die daraus schreit, die sicherste Gewähr für eine trübere Zukunft bietet. Während die schrittweise Demolierung der Erde unbeirrt fortgesetzt wird, nennt man ein Laboratoriumszentrum, in welchem die Mittel dafür ersonnen werden: GENESIS. Die frechsten Zynismen sind die, die so tun, als wären sie gar keine.

Anders als die herkömmliche Genesis verfügt die neue über Ventilation und Starkstrom sowie über das, was ihre Reklamechefs »Prestigearchitektur« nennen, – genauso scheußlich sieht es auf dem Bild auch aus. Und drinnen sitzen sie dann in ihren Appartements und nehmen endlich die Schöpfung in die Hand. Die Wissenschaft von der Natur zielt ja schon lange nicht mehr auf die zweckfreie Erkenntnis dieser Natur, sondern auf ihre Neuerschaffung in verbesserter Ausgabe. Die Schöpfung ist noch nicht am Ende, die Leute von der neuen Genesis werden

174

ihr auf die Strümpfe helfen, werden ihr zeigen, wo's langgeht, und sie wird sich noch wundern, zu was sie fähig ist. Der Phantasie sind keine Grenzen gesetzt, über die die Wirklichkeit nicht noch hinauskäme, und die Mietverträge der Insassen von GENESIS enthalten keine Klausel, wonach hier etwa nur Wohltätiges ersonnen, ausprobiert und in *money-making practicalities* umgesetzt werden dürfte.

Aus den Fenstern der Prestigearchitektur hat man einen schönen Blick auf Bäume und Sträucher; sie verdanken ihre Entstehung noch der älteren Art von Genesis, die mit dem angenehmen Äußeren freilich nicht den Anspruch auf Prestige verband. Die neue Art von Genesis wird kaum je etwas so Ansehnliches erschaffen, sie wird überhaupt nichts erschaffen, was nicht über den kurzen Weg des *money-making* auf den langen Weg der Vernichtung führt. Wo diese Wissenschaft sich auszahlt, zerstört sie etwas; sie ist zu groß geworden, um nicht mit jedem Stück, das sie weiterwächst, etwas zu erdrücken.

Zwar: Die Tragfähigkeit der Fußböden bei GENESIS beträgt hundert Tonnen pro Quadratmeter, und es mag sein, daß die Böden eine Zeitlang der Belastung standhalten. Aber so wie der Fortschritt an dem zu messen wäre, was für ihn geopfert wird, so muß die Hybris an dem gemessen werden, was sie vergißt, und das wiegt mehr als hundert Tonnen pro Quadratmeter.

GENESIS. Prospekte sind anzufordern bei Tina White, Telefon Warrington 51144.

Vom Folgerichtigen zum Absurden ist nur ein Schritt

Im Delirium verwischen sich die Grenzen zwischen dem Folgerichtigen und dem Absurden. Was noch folgerichtig zu sein scheint, kann schon das Absurde selber sein, was absurd erscheint, nichts weiter als folgerichtig. In Phoenix/Arizona ist ein »Haus der Zukunft« zur Besichtigung freigegeben worden, das vorwiegend mit Hilfe von Mikroprozessoren und anderem Computergerät funktioniert. Wer hinein will, ob Putzfrau oder Gast, braucht ein codiertes Kärtchen, von dem am Eingang ein Computer abliest, ob dieser Besucher an diesem Tag zu dieser Stunde willkommen ist oder ob ihm eine künstliche Stimme mitzuteilen hat, daß er sich zum Teufel scheren soll. Wer eingelassen wird, den verfolgt auf Schritt und Tritt ein Mikrowellen-Detektor, welchem es obliegt, dem Hausherrn den Standort des Gastes zu melden und dem Gast das Licht anzuknipsen – denn das Haus der Zukunft liegt größtenteils unter der Erde. Auch was sich sonst noch denken läßt an häuslichen Verrichtungen, ist den Mikroprozessoren übertragen, sie regeln Heizung, Kühlung, Feuchtigkeit und vieles mehr, sie melden das Ausbrechen von Bränden an die Feuerwehr und das Einbrechen von Dieben an die Polizei, sie speichern Kochrezepte und, falls erwünscht, auch ganze Bücher, und wahrscheinlich sind sie sogar imstande, nach ihren eigenen Rezepten zu kochen, die Kartoffeln zu bestellen sowie die Miete und den Strom zu bezahlen.

Das alles ist nur folgerichtig. Mikroprozessoren und Computer, da es sie einmal gibt, verlangen nach praktischer Anwendung, nur diese garantiert die Fortsetzung der Produktion, und so bläht sich das Folgerichtige auf, bis es absurd wird, bis über kurz oder lang die Produktion von Mikroprozessoren durch Mikroprozessoren übernommen wird und sie sich anschließend ein schönes Leben machen im Haus der Zukunft, dessen Bewohner längst überflüssig geworden sind, weil die Kartoffeln automatisch bestellt und etwa anklopfende Gäste bei richtiger Programmierung schon an der Haustür der Verdampfung durch Mikrowellen unterworfen werden. Wenn die Regler sich selber regeln, ist die Beseitigung des Bedienungspersonals nur eine Frage der Zeit und bleibt von diesem, da es sich ohnehin im Delirium befindet, unbemerkt.

Im Delirium verwischen sich die Grenzen zwischen dem Folgerichtigen und dem Absurden. Das Haus, welches die Perfektion der Zukunft vorführt – wiewohl doch nichts zweifelhafter ist als die Zukunft und kaum etwas weniger zweifelhaft als das Scheitern der Perfektion – liegt am Wege einer apparativen Hochentwicklung, die sich demnächst selber überholen wird; und was hier, weil es folgerichtig erscheint, wie eine lustige Utopie im Vergrößerungsglas aussieht, ist in Wahrheit eine absurde Realität im Verkleinerungsglas, ein apokalyptischer Reiter als Nippesfigur, aber wer damit herumspielt, ist schnell verloren.

Im Delirium verwischen sich die Grenzen zwischen dem Folgerichtigen und dem Absurden. »Kein schöner Land« heißt ein eben erschienenes Buch mit dem Untertitel »Ein deutscher Umweltatlas«, und es wird darin die Zerstörung der sogenannten Umwelt, welche in Wahrheit die Welt selber ist, einleuchtend beschrieben, belegt und beklagt, auch abgebildet in vielen Fotos, schwarzweiß und farbig, und besonders die farbigen leuchten in großer Schönheit, Industrieanlagen bei Nacht mit magischen Lichtern, eine an Insektiziden verendete Biene, geheimnisvoll wallender Smog, elegantes Linienspiel einer schier endlosen Autoreihe, goldenes Abendlicht auf dem Strom vor dem Kernkraftwerk, – zwei Pfund Bilder von der großen Zerstörung, aus der sich fotografisch doch eine Menge herausholen läßt, und die tote Biene im Großformat ist so faszinierend, daß man die Abwesenheit der lebenden gar nicht mehr so schmerzlich empfindet. Zwei Pfund Bilder von der großen Zerstörung, gebunden in feinstes grünes Leinen, ein repräsentativer Prachtband mit lackiertem Schutzumschlag und brillantem Offset-Druck aus der Firma Brillant-Offset-Druck in Hamburg, das Ganze für fünfzig Mark. Im Delirium verwischen sich die Grenzen. Ein gelackter Großfoliant über die Demolierung der Welt ist genauso absurd wie es folgerichtig ist, daß die Methoden der Demolierung – Völlerei und Großspurigkeit – auch noch beteiligt sind, wenn es gilt, ihr Ende anzusagen. Wer es sich leisten kann, legt das brillante Offsetbuch auf den Nachttisch, zu dem Plan vom perfekten Zukunftshaus, das seine Kartoffeln selber bestellt, dreht sich auf die Seite und schläft ein.

Der Rufmord
an der Technik

Seit ein von den Erzeugnissen der Technik teils verwöhntes, teils geschundenes Publikum nicht mehr mit einhelliger Bewunderung die Installateure des Fortschritts preist, sondern Bedenken laut werden läßt, Allergien entwickelt und manchmal sogar die ganze Klempnerei zum Teufel wünscht, melden sich, auf der anderen Seite, jene zu Wort, die genau durchschaut zu haben glauben, worauf denn solche »Technikfeindlichkeit« zurückzuführen ist; sie sprechen meist von enttäuschten Hoffnungen oder fehlenden Informationen als Ursachen der grassierenden Unlust, räumen wohl auch ein, daß es Anlässe zur Klage gibt, sind aber sonst doch guten Mutes sowie der festen Überzeugung, daß keine Alternative, mithin aus den Zumutungen der Apparatur nur der Ausweg von noch mehr Apparaten bleibt.

Der beschwörende Appell an Vernunft und Geduld hat einen propagandistischen Beigeschmack – und so überrascht es nicht, daß nun auch das Werkzeug der demoskopischen Befragung in den Dienst der guten Sache gestellt worden ist. Der Hamburger Psychologieprofessor Peter R. Hofstätter hat zur Klärung der Frage, »warum wir heute die Technik fürchten« (so der Titel in der »Welt« vom 9. 7. 79), die Daten einer demoskopischen Ausforschung benutzt und ist nun ganz sicher, daß er die Antwort kennt.

Den Befragten wurden Begriffspaare mit gegensätzlicher Bedeutung vorgelegt (etwa »nüchtern« und »verträumt«), mit dem Ansinnen, zu entscheiden, welcher Begriff am ehesten auf die Technik zuträfe. Jedes Kind könnte, ohne eine solche Befragung zu veranstalten, ihr Ergebnis vorhersagen: Die überwältigende Mehrheit der Versuchspersonen hält natürlich die

179

Technik für »nüchtern« und nicht für »verträumt«, für »klar« und nicht für »verschwommen«, für »kühl« und nicht für »gefühlvoll«, für »streng« und nicht für »nachgiebig«.

Niemand wird sich über dieses Ergebnis wundern, sondern höchstens darüber, daß es überhaupt jemanden gab, der die Technik »verträumt«, »verschwommen« und »gefühlvoll« fand. Weit wunderbarer aber noch erscheint das, was der Psychologe Hofstätter aus seiner banalen Statistik folgert: Die Technik, so schließt er scharfsinnig, ist das Opfer von Vorurteilen, oder anders: »Die Bereitschaft, Technik als solche und die jeweils aktuellen technischen Neuerungen als Bedrohungen zu empfinden und auf sie aggressiv zu reagieren, erklärt sich aus der ungemein primitiven Struktur unseres semantischen Ordnungssystems«, und er kommt gar nicht auf den Gedanken, daß es vielmehr die ungemein primitive Struktur seines Befragungssystems sein könnte, die solche Augentäuschung hervorruft:

Wenn man die Leute nicht fragt, was sie von der Technik halten, sondern wenn man ihnen nur nackte Begriffspaare ohne Differenzierungen zur Auswahl gibt, dann braucht man sich ja nicht zu wundern, am Ende eine Bestätigung geliefert zu bekommen für eben jene Vorurteile, die man zuvor in der Form einander ausschließender Antinomien dargeboten hat. Zuerst zwingt man die Probanden, sich zwischen zwei Begriffen für denjenigen zu entscheiden, den sie für den passendsten halten, und wenn sie, widerwillig und um den lästigen Frager endlich loszuwerden, tatsächlich eine Wahl treffen, dann wirft man ihnen hinterher triumphierend vor, sie hätten ein primitives semantisches Ordnungssystem und seien einer klischeehaften Technikfeindlichkeit verfallen – wiewohl doch nicht nur die Klischees, sondern auch die Nötigung, zwischen solchen zu wählen, von den Psychologen selber konstituiert worden ist.

Die Unverfrorenheit, mit der solche törichten Fragen gestellt werden, wird nur übertroffen von der Unverfrorenheit, mit der man die Antworten als Ergebnis wissenschaftlicher Bemühung ausgibt und gegen die Befragten verwendet, im

Dienste einer Sache – der Technik –, deren tatsächliches Wesen von dem semantischen Gaukelwerk ganz verdeckt wird:

Nirgendwo nämlich ist innerhalb jener Beweisführung die Frage berücksichtigt, was Technik wirklich ist, und: ob jene angeblich durch die Armut der Sprache verursachten Vorurteile nicht vielleicht sogar zutreffen, mehr noch: ob nicht die Techniker selber in dem generationenlangen Bemühen, sich ins rechte Licht zu setzen, eben jenes Bild von sich entworfen haben, das nun plötzlich als ein vom Publikum frei erfundenes Zerrbild entlarvt sein soll. Wer, wenn nicht die Techniker, hat denn dieses Publikum stets davon zu überzeugen gesucht, daß Technik »nüchtern, streng, geordnet, klar, kühl, hart, robust, ernst und aktiv« sei, und eben nicht »verträumt, zerfahren, verschwommen und gefühlvoll«, – »herrisch« und nicht »unterwürfig«, so daß ganz natürlicherweise, wie Hofstätter es als ungerecht beklagt, dem Stichwort Technik auch Begriffe wie Grausamkeit, Krieg und Zerstörung zugeordnet werden. Solche Gedankenverbindungen sind ja, halten zu Gnaden, keine billigen Klischees, sondern bittere Früchte einer vielfältigen Erfahrung.

Während der Persische Golf sich mit einer immer größer werdenden Öllache überzieht, die alles Leben erstickt, während die Vorbereitungen für einen Krieg im Weltraum in vollem Gange sind, während das Gift aus allen Ritzen dringt und während man nach den Zeichen der Zerstörung nicht so lange zu suchen braucht wie nach den letzten Ansatzpunkten für eine vielleicht doch noch mögliche Regeneration – währenddessen wagt ein Ordinarius der Psychologie nach einer dilettantischen Volksbefragung die Behauptung, das ganze Unbehagen beruhe nur darauf, daß die Leute aus ihrem primitiven semantischen Ordnungssystem nicht auszubrechen vermöchten, mit anderen Worten: es sei alles gar nicht so schlimm, wenn man nur nicht so schlimme Wörter dafür verwende.

Da weht nicht der Geist der Psychologie, sondern, was ja oft genug dasselbe ist, der Geist der Reklame; und während man sich bisher nur zu hüten hatte, die falschen Wörter zu glauben, wird man nun, nach dem Dictum des Psychologen, auch noch vorsichtig sein müssen, die richtigen nur zu denken: Wo die semantische Schönfärberei ausschweifend praktiziert, die Anhäufung atomaren Mülls als »Entsorgung«, die systematische Verwüstung des Landes als »Raumordnung« und die endgültige Ausrottung der Wale als internationale Bemühung zu ihrem Schutz annonciert wird, und wo es nun zugleich als semantische Primitivität gilt, einen Kühlturm nicht verträumt und gefühlvoll, sondern robust und herrisch zu finden, da ist es nicht mehr weit zu einer Verwirrung des Geistes, in der man jede Vernichtung für einen Sieg, jeden Brand für ein Freudenfeuer und jeden Wahn für eine Erleuchtung ausgeben wird, mit einem Wort, eine Verwirrung, in der man einen Anfang bejubelt, wo es ein Ende zu beklagen gäbe.

Der schlechthinnige
Matsch

»Jetzt kommt Slime! Kalt und klamm, wabbelig und schlik-
kerig, schleimig und glibberig. Du kannst es ziehen und klat-
schen, quetschen und matschen, schwabbeln und manschen,
wabbeln und panschen. Igittigitt!«

Es ist wirklich nicht zu viel, was die Werbung da verspricht,
und das Bedürfnis, zu schwabbeln und zu panschen, ist so groß
und allgemein, daß der Stoff, mit dem man das kann, immer-
zu ausverkauft ist; die Produktion vermag mit der Nachfrage
kaum Schritt zu halten. Viele von denen, die gern schwabbeln
und panschen wollen, müssen deshalb einstweilen noch mit
nassem Sand, Hefeteig, Pfützendreck oder Glibberpudding vor-
lieb nehmen, mit Substanzen also, die, seit es Slime gibt, nur
noch als unzureichender Ersatz für Slime gelten können.

Slime ist ein Kunstprodukt, eine feuchte Plastikmasse, und
es vereinigt in sich alle Eigenschaften, die man von einem ordentlichen Matsch erwarten darf, mit Ausnahme der unhygienischen; es hat die Vorteile der Drecksnatur ohne die
Nachteile des Naturdrecks, es ist der Matsch an sich.

»Artikel-Nummer 01–9343. Geeignet ab 5 Jahre.«

Grün, giftgrün und träge fließt der Stoff aus der Dose (die
passenderweise einer Mülltonne nachgeformt ist) in die Hand,
eine Kreuzung aus Rührteig und Wackelpeter: Einerseits glib-
bert er hin und her wie ein Pudding, andererseits gehorcht er,
widerwillig zwar, der Schwerkraft wie ein Teig und fließt zäh
nach unten, wenn man ihn nicht um die Hand wickelt, dünn
zum Fladen auszieht oder zum Klumpen ballt. Er fühlt sich
kalt an, und naß.

Er ist aber nicht naß. Wenn man ihn von der Hand abzieht und wieder in die Tonne wirft, ist die Hand staubtrocken; es ist wie Hexerei, das Unvereinbare wird vereint, naß ist trocken, trocken naß, Mystik aus der Dose, nach Gebrauch bitte fest verschließen.

Es vermählt sich auch die Sauberkeit mit dem Ekel, das Ekelhafte zeigt sich sauber, die Sauberkeit ekelhaft: Der grüne feuchte Schleim signalisiert Widerliches, aber wenn man zupackt, greift man in keimfreie Reinlichkeit und kühle Frische. Wer mit Slime matscht, braucht sich danach nicht zu waschen, sondern fühlt sich wie gewaschen.

Unerhörtes findet statt: Ein Abstraktum, der Inbegriff des Matschigen, gerinnt zu einem Konkretum, bleibt aber doch abstrakt in dem Sinne, daß es frei ist von allen Besonderheiten der tausend Matsch-Arten. Das ist viel weniger ein Spielzeug als die Materialisation eines Prinzips auf eine allgemeine, von keiner Spezifität getrübte Weise.

Nicht zu reden von den psychoanalytischen Prinzipien, die sich in der Beschäftigung mit dem grünen Slime manifestieren. Man darf annehmen, daß die Erfinder von Slime wohl gewußt haben, warum sie für diesen Stoff, aus dem so viele Träume sind, auf Freud' bei den Käufern rechnen durften; mit der Unschuldsmiene der kreativen Verkäufer haben sie darauf gesetzt, unter dem Vorwand, daß der Kunstmatsch genau das Richtige für die gepflegte Wohnung im achten Stock ist: wegwischbar, nicht fettend oder schmutzend, geeignet ab 5 Jahre.

Hier liegt die eigentliche symbolische Bedeutung des neuen Stoffes: Er ist nicht nur in einem alchemistischen Sinne die Quintessenz des Matsches überhaupt, sondern er ist zugleich, in einem ganz trivialen Sinn, der zeit- und marktkonforme Ersatz für jeglichen vorfindbaren, dreckigen, unhygienischen Matsch: Saubermannsdreck. Als solcher verkörpert er ein Prinzip der Warenwelt: daß man noch den letzten Dreck synthetisch erzeugen und durch schlaue Verpackung verkäuflich machen kann. Die Wonnen des rücksichtslosen Umgangs mit dem Matsch, deren Wesen gerade darin besteht, daß man sich

184

beschmankert und hinterher der Reinigung bedarf, auch dieses – Freud hin, Freud her – unschuldige Vergnügen wird noch nutzbar gemacht und eine Produktidee daraus gekeltert, der überall vorhandene Matsch ersetzt durch einen hergestellten, den man portionsweise verkauft. Bei dem weithin schon gelungenen Versuch, die Einzelteile dieser Welt zum zweiten Male zu erschaffen, diesmal aber in Gestalt satt kalkulierter Gebrauchsartikel, hat man ein paar (demnächst noch zu absolvierende) Zwischenstufen übersprungen und landet direkt bei dem Traumziel, für den bislang kostenlosen feuchten Kehricht eine synthetisierte Entsprechung zu finden, die sich auf Dosen ziehen und feilbieten läßt. Das ist so konsequent wie absurd, und der Verkaufserfolg, da er nicht auf der Absurdität beruht, zeigt, daß die Konsequenz des Fortschritts noch viele viele Freunde hat.

Big Brother's Auge
hinter der Tapete

Von den alten und uralten Träumen, deren Verwirklichung die Technik besorgt, ist wieder einer wahr geworden: das Sesam-öffne-dich, das bisher mit so dürftigen Requisiten wie Schlüsseln oder Pförtnern praktiziert werden mußte, ist endlich vollautomatisiert, Sesams Türen öffnen sich elektronisch und sie tun es nur für den, der befugt ist, einzutreten.

Der Befugte hat eine Ausweiskarte und die Tür hat einen Sensor. Der Befugte zeigt die Karte dem Sensor vor, und dieser kann in Bruchteilen einer Sekunde ermitteln, ob der Karteninhaber wirklich befugt ist, zu dieser Zeit durch diese Tür zu treten; ist das der Fall, dann gibt der Sensor einen Wink an das Zentrum der Anlage, und diese schickt einen Öffnungsimpuls an die Tür: Sesam öffnet sich. Das Neue gegenüber den hie und da schon in Gebrauch befindlichen primitiven Vorstufen dieses Systems besteht darin, daß die Eintrittskarte absolut fälschungssicher ist und daß man sie nicht mehr in einen Schlitz zu stecken braucht, sondern getrost in der Tasche stecken lassen oder sich auf die Brust kleben kann: Man stellt sich dann einfach vor den Sensor, und der liest die Botschaft noch durchs Unterhemd, weshalb die Anlage von ihren Herstellern zu Recht ein »berührungsloses Zugangskontrollsystem« genannt wird – darin dem menschlichen Pförtner ähnlich, den man ja auch nicht zu berühren brauchte, der freilich andererseits nicht, wie das Sensoren-Auge des Großen Bruders, unsichtbar irgendwo hinter der Tapete klebte. Pförtner und Wachpersonal können, wie der Prospekt vermerkt, reduziert werden, so daß die Anlage sehr wirtschaftlich ist – zumal sie, wiederum im Gegensatz zu Pförtnern, völlig wartungsfrei arbeitet. So viel zu

186

der heftig diskutierten Frage, ob elektronische Vorrichtungen Arbeitskräfte freisetzen ...

Darüber hinaus ist das neue Spielzeug des Großen Bruders ein eindrucksvolles Zeugnis für ein anderes, dem technischen Fortschritt innewohnendes Prinzip: Eine Errungenschaft erfordert zur Abwendung ihrer Nachteile oder einfach zu ihrer Perfektion jeweils eine weitere Vorrichtung, und im besonderen nötigt die Aufbewahrung von immer mehr und immer brisanterem Material – seien es Daten oder sei es Plutonium – zu immer kunstvolleren Praktiken der Kontrolle, der lückenlosen Überwachung. Es ließe sich geradezu eine Geschichte der Technik unter dem Gesichtspunkt der immer perfekteren Kontrolle von Maschinen, Menschen und Vorgängen schreiben. Indem diese Methoden mechanisiert und automatisiert werden, spart man nicht nur Arbeitsplätze von menschlichen Wächtern und Wärtern ein, sondern verbirgt zugleich den Umfang, den das Kontroll- und Überwachungswesen angenommen hat: Stünde überall dort, wo jetzt Monitoren und Sensoren Kontrollfunktionen ausüben, ein Kontrolleur von Fleisch und Blut, dann würde erst das Ausmaß deutlich, in dem das, was wir tun, von allen Seiten und bei jeder Gelegenheit überwacht und gesteuert wird. Die Automatisierung dieser Kontrollen fördert die Gewöhnung, indem sie zum Beispiel die Zumutung, vor einem in der Tapete versteckten Sensor Haltung anzunehmen, damit dieser die Eintrittskarte lesen kann, als Inbegriff humanitärer Bequemlichkeit erscheinen läßt.

Die Vertreibung des Menschen aus dem Kontroll- und Überwachungswesen erhöht die Zuverlässigkeit der Kontrolle bis nahe an die Perfektion, aber zugleich bewirkt sie, daß die Kontrollierten zu fest eingebauten Bestandteilen des Kontrollsystems werden: Nicht der Eintrittskartenträger verfügt über die Tür, sondern ein Datenspeicher verfügt mittels des Sensors über den Kartenträger, und da die Speicherkapazität der Anlage damit noch keineswegs ausgelastet ist, läßt sich ihr Wirkungsbereich leicht erweitern. Ein Zusatzgerät ermöglicht es, sowohl die unerlaubten Zutrittsversuche als auch die erlaubten

Zutritte zu registrieren, so daß sich jederzeit feststellen läßt, wer wann und wie oft das Datenzentrum oder das Plutoniumlager betreten hat oder zu betreten versucht hat. Leicht läßt sich denken, daß dieser Nebenzweck der berührungslosen Zugangskontrolle auch zum Hauptzweck gemacht werden kann, für den dann schließlich sogar die Türen entbehrlich sind: es wird nur noch der Weg jedes einzelnen von Sensor zu Sensor verfolgt. Die lückenlose Überwachung aller Bewegungen, die Buchführung darüber, ob einer nur das Erlaubte oder auch das Unerlaubte oder gar des Erlaubten zu viel und zur falschen Zeit getan hat, das ist keine Utopie mehr, sondern käufliche Realität, Prospekte können angefordert werden. Man wird erinnert an die Gleisstellwerke der Eisenbahn, auf deren Pulten sich Züge als Lichter bewegen. Bleibt die Frage, wer die Menschenstellwerke bedienen wird.

Die Sirenen
haben einen Boom

Zu den wenigen Erzeugnissen unserer Zivilisation, die sich stetig steigender Absatzzahlen erfreuen, gehören Warnsirenen aller Art. Man könne, so verlautet aus Fachkreisen, von einem regelrechten Boom sprechen, wozu denn auch gehört, daß jüngst ein deutscher Sirenenmacher den Auftrag bekommen hat, die sechs Dutzend amerikanischen Atomkraftwerke mit neuen Sirenenanlagen auszustatten, weil man, nach Harrisburg, die alten nicht mehr für ausreichend und amerikanische nicht mehr für gut genug hielt.

Die Sirenenmacher sehen goldenen Zeiten entgegen. Für Menschen, welche keine Sirenen erzeugen – und das sind ja die meisten von uns –, hat der Sirenenboom aber eher düstere Aspekte und geradezu symbolische Bedeutung:

Sirenen zeigen in aller Regel an, daß ein unerwünschtes Ereignis, um dessen Vermeidung man sich bemüht hat, dennoch eingetreten ist oder in Kürze eintreten wird, und ein Sirenenboom zeigt folglich an, daß das Eintreten unerwünschter Ereignisse an immer mehr Stellen dieser Welt immer wahrscheinlicher wird und geradezu erwartet wird – denn sonst würde man nicht so viel Geld ausgeben, um nur vom Allerbesten einzukaufen.

Wenn man schon das Bersten von Atomkraftwerken nicht zuverlässig verhindern kann, will man die Leute wenigstens zuverlässig erfahren lassen, wann sie den Kopf zwischen die Schultern und die Beine in die Hand nehmen müssen. Wieder einmal zeigt sich, daß das Versprechen der Techniker, sie würden für jedes von ihnen verursachte Risiko wiederum eine technische Lösung finden, eine windige Verheißung ist: Die Lösung ist meist eine Notlösung und ermöglicht nicht die Vermeidung des Risikos, sondern bestenfalls das rechtzeitige Entkommen der Opfer. Der Sirenenboom veranschaulicht also mehr das unzweifelhafte Anwachsen vielfältiger Bedrohungen, von denen wir umstellt sind, als die stets zweifelhafte Hoffnung, wir könnten durch Sirenen früh genug von diesen Bedrohungen hören. Die Perfektion der Warnsysteme, welche Sicherheit vorgaukeln, bleibt stets zurück hinter der Entwicklung der zerstörerischen Potenzen, vor denen gewarnt werden soll.

Sirenen ähneln demnach nicht so sehr den Kirchenglocken, mit welchen die Küster früher vor heraufziehender Gefahr warnten, als vielmehr den Posaunen, mit welchen die Engel die Drangsale der Endzeit ankündigen, und der erste Engel posaunte, und es ward ein Hagel und Feuer und der dritte Teil der Bäume verbrannte, und alles grüne Gras verbrannte, und der andere Engel posaunte, und es fuhr wie ein großer Berg mit Feuer brennend ins Meer, und der dritte Teil des Meeres ward Blut, und so fort, Offenbarung Johannis, Kapitel 8, fast wie im richtigen Leben, nur daß es in diesem keine Posaunen gibt, sondern eben eine vor hundertundsechzig Jahren von Charles Cagniard de la Tour erfundene, vergleichsweise läppische Apparatur, bei der ein Preßluftstrom durch eine sich rasch drehende durchlöcherte Scheibe geleitet wird, – da bläst kein Engel, sondern der diensthabende Wachmann drückt auf den Knopf.

Aber das simple Gerät ist selbst darin noch ein Symbol, daß es das Grundprinzip fast aller technischen Verrichtungen in abstrakter Reinheit darbietet: den ohrenbetäubenden, kränkenden, alles andere auslöschenden Lärm als solchen, – und das durchdringende Heulen vertont den Jammer, den die Sirenen ankündigen, und den Jammer, daß es sie gibt und daß sie einen Boom erleben.

Sie hocken auf den Dächern, es werden ihrer immer mehr, sie warten auf den Knopfdruck, der ihnen den Preßluftatem freigibt, und wenn sie losheulen, dann warnen sie nicht vor etwas, was noch abwendbar wäre, sondern sie teilen mit, daß das Unabwendbare sich ereignet; je mehr es werden, allenthalben, um so mehr wird augenfällig, daß der Aufschwung, den die Sirenenmacherei nimmt, nichts anderes ist als das genaue Spiegelbild eines großen Abschwungs, – doch kann, da man auf Qualitätsarbeit Wert legt, damit gerechnet werden, daß, wenn nichts anderes, so mindestens die eine oder andere Sirene übrigbleibt und, wenn alles grüne Gras verbrannt und der dritte Teil des Meeres zu Blut geworden ist, noch eine Weile vor sich hin heult.

IV
Weltraum,
Krieg und Weltraumkrieg

Big Bang –
so what?

Der schwedische Physiker und Kosmologe Hannes Alfvén ist mit seinen Kollegen uneins. Er bezweifelt, mit Gründen, daß es den *Big Bang* gegeben hat, den die Kosmologen einhellig als Beginn des Universums ansehen. Ob wir die Entscheidung des Gelehrtenstreits über den Urknall erleben werden, bleibt abzuwarten: Es ist ja nicht ganz ausgeschlossen, daß unsere Welt mit einem Knall endet, bevor sich zuverlässig ermitteln läßt, ob sie auch mit einem Knall begonnen hat. Aber die Kontroverse ist für sich schon lehrreich, auch wenn man nicht weiß, wie sie ausgeht.

Als erstes fällt auf, daß man uns Laien zwar gerade noch erklären kann, worum es geht, daß man uns aber mit den Argumenten für und wider den Urknall gar nicht erst behelligt: wir würden sie doch nicht verstehen. Die astronomische Wissenschaft hat – wie die meisten anderen Wissenschaften auch – einen Stand erreicht, bei dem der gemeine Mann bestenfalls die Forschungsergebnisse zur Kenntnis nehmen, aber nicht mehr die Beweisführung nachvollziehen kann. So ist er auf den Glauben angewiesen, den er den Experten schenkt, und nicht selten nimmt dieser Glaube religionsähnlichen Charakter an: Seit Jahrzehnten ist der Urknall für viele gewissermaßen die physikalisch beglaubigte Form der Schöpfung, aus der sich alles Weitere, bis hin zum Menschen, als ein selbsttätiges Spiel der physikalischen Möglichkeiten entwickelt hat.

Freilich kann dieser treuherzige Glaube an die Wissenschaft leicht ins Wanken geraten – dann nämlich, wenn, wie jetzt beim Urknall, die Gelehrten selber uneins sind. Hannes Alfvén, der den Urknall bezweifelt, verfügt ja über mindestens die gleichen Kenntnisse wie jene Kosmologen, denen der Urknall als unbezweifelbar gilt. Da weiß der Laie nicht, woran er sich denn halten soll. Richtet er sich nach der Mehrheitsmeinung, dann bliebe einzuwenden, daß bisher noch jeder wissenschaftliche Irrtum zu seiner Zeit seine überwältigende Mehrheit gefunden hat, die felsenfest davon überzeugt war, dies und nur dies sei die Wahrheit, und zweifeln könnten daran nur Narren. Hängt er der Minderheit an, folgt er also in diesem Falle dem Professor Alfvén, so kann jeder gebildete Zeitungsleser ihn höhnisch ersuchen, die Argumente und Kenntnisse offenzulegen, die ihn, den Laien, befähigen und berechtigen, anderer Meinung zu sein als alle kundigen Kosmologen dieser Welt.

Die Unsicherheit über den Urknall wäre weniger bemerkenswert, wenn nicht die Frage nach dem Ursprung so schwer wöge. Wenn eine Wissenschaft sich anheischig macht, uns die letzte Frage, die nach dem Anfang allen Seins, zu beantworten, dann möchte man sich ja nicht gern mit einer Auskunft abgefunden sehen, von der der nächstbeste Kosmologe glaubhaft behaupten kann, sie sei unzutreffend. Und wenn der Anspruch der Astronomie zu Recht bestünde, daß sie uns mit der Aufklärung über unsere Herkunft zugleich ein Stück Aufklärung über uns selbst gibt, dann müßte ein Irrtum über den Ursprung auch ein Irrtum über unser eigenes Wesen sein. Es müßte also, wenn Hannes Alfvén recht hat und der Urknall sich als Täuschung erweist, ein großer geistiger Umbruch stattfinden. Ein Bezugspunkt in der Geschichte der Welt, dessen wir jahrzehntelang sicher sein zu können geglaubt haben, wäre plötzlich dahin, und wir müßten sehen, wie wir morgen mit uns und der Welt zurechtkämen, wenn heute in der Zeitung gestanden hätte: »Urknall als Irrtum entlarvt!«

Es gäbe aber gar keinen Umbruch, und wir würden das Ende der Urknall-Theorie alle ganz gut überstehen. Die Wahrheit ist nämlich, daß gerade astronomische Forschungsergebnisse und Theorien, so sehr sie die Phantasie beschäftigen mögen, im Grunde doch ganz ohne Einfluß auf unser Selbstverständnis und auf unser Verhältnis zur Welt bleiben. Ob die Welt vor zehn oder fünfzehn Milliarden Jahren im Urknall geboren

wurde oder ob sie schon ewig existiert, das bleibt sich ziemlich
gleich, und weit reizvoller als die Frage, welche Theorie der
Wahrheit entspricht, ist die andere Frage nach dem Zusammenhang zwischen Geist und Inhalt einer Theorie und dem
Geist der Zeit, in dem sie entstanden ist und für richtig gehalten wird. Es ist ja vielleicht kein Zufall, daß die Theorie vom
Urknall just zu einer Zeit entwickelt wurde, als Knalle und
Explosionen aller Art in wachsendem Maße das Leben der
Menschen bestimmten und den Inhalt ihres Denkens prägten –
vom Explosionsmotor bis zur Atombombe. Vielleicht ließen
sich, wie zumindest Hannes Alfvén meint, die gleichen Meß-
ergebnisse und Beobachtungen, auf denen die Urknall-Theorie
basiert, auch zu einer ganz anderen Theorie von der Geschichte
der Welt ordnen – und vielleicht bedürfte es dazu nur einer
Wissenschaftlergeneration, die nicht, wie die jetzt lebende, in-
mitten von Explosionen großgeworden ist.

Mit dem Weltall
wird es ernst

Mit dem Weltall wird es jetzt richtig ernst, denn: das Vereins-
wesen hat sich seiner angenommen. Eine Annonce mahnt uns:
»Das Weltall ist Ihre Zukunft. Schreiben Sie uns heute noch!«
Die Annonce stammt von einem Verein, der in Madison im
Staate Wisconsin/USA, Postfach 6153, residiert und sich »Pro-
jekt Noah« nennt. Die Anzeige erschien in einer angesehenen
Wissenschaftszeitschrift und hat viel Geld gekostet, woraus zu
schließen ist, daß es bereits ein Vereinsvermögen und viele zahlende Mitglieder gibt, die die Erreichung der Vereinsziele fördern wollen. Die Ziele sind: die Lösung der Energiekrise durch
Sonnenkraftwerke im Weltall, die Lösung der Atomprobleme
durch Müllraketen zur Sonne, sowie die Auswanderung der
Menschheit von der Erde.

Der Jahresbeitrag ist, gemessen an diesen großen Zielen,
lächerlich gering, er beläuft sich auf 12 Dollar. Freilich müssen
die Mitglieder dabei in Betracht ziehen, daß es sehr viele Jahre
und also sehr viele Dollars kosten kann, bis die Segnungen des
Projekts Noah den Beitragszahlern zugutekommen – wenn es
denn Segnungen sind.

Gegenwärtig bestehen die Leistungen des Noah-Vereins im
wesentlichen in der Lieferung einer Zeitschrift und in der Verteilung der jeweils neuesten NASA-Publikationen. Die Zeitschrift geht, was den Titel betrifft, noch einen Schritt über die
eher anheimelnde Assoziation vom alten Bootsmann Noah mit
seinen vielen lieben Tieren hinaus, sie heißt, hart und unerbitt-
lich: »Exodus« – sie avisiert also nicht weniger als die Flucht
der Menschheit in den Weltraum, kein ganz neuer Gedanke,
aber noch niemand hat bisher gewagt, ihn als Ziel eines Ver-
eins zu proklamieren.

Da tauchen freilich, vor den technischen, rein logische Probleme auf. Denn wenn die Lösung der Energiekrise – wie jene Anzeige verspricht – und die Lösung der Atommüllfrage beide im Weltraum liegen, wenn also Sonnenkraftwerke im Orbit uns die Energie liefern und die Sonne selbst, im Tausch gewissermaßen, unseren mit Raketen abgefeuerten radioaktiven Abfall aufnimmt und verbrennt, – dann fragt sich erstens, ob man nicht die Erzeugung des Atommülls von vornherein unterlassen und nur die Energie aus dem Sonnenkraftwerk nutzen sollte, und es fragt sich zweitens, warum denn eine Menschheit, die ihre größten Probleme so leicht zu lösen vermag, überhaupt von der Erde wegziehen sollte.

Die Logik, die man hier vermißt, liegt, wenn man der Annonce glaubt, in der Sache selbst; der Weltraum, so heißt es da, ist eben einfach das nächste logische Ziel der Menschheit, *humankind's next logical frontier*, und: der Weltraum ruft uns, sagt die Anzeige, über unsere Grenzen hinauszugehen, wie es die Menschen seit Jahrtausenden getan haben, und es könne sein, sagt die Anzeige, daß im All die Antwort auf uralte Fragen liege und vielleicht auch die Weisheit neuer Freunde auf uns warte.

Es muß bezweifelt werden, ob die neuen Freunde, wenn man sie trifft und wenn sie weise sind, ausgerechnet denjenigen Weisheit zu vermitteln vermögen, deren ganze irdische Weisheit nur dazu reicht, uns die Flucht aus dem Jammertal als nächsten logischen Fortschritt vorzugaukeln und uns außer dem Beitritt zu einem Auswanderungsverein nur noch jene Atommüllraketen anzudienen, von denen uns viele Experten einleuchtend vorrechnen, daß sie zu teuer und wegen der möglichen Fehlstarts auch zu gefährlich seien, sowie die Sonnenöfen im Weltall, die den entscheidenden Nachteil haben, daß sie durch eine einzige wohlgezielte Rakete zerstört werden können, so daß, wie die irdischen Dinge einstweilen liegen, kein Land der Welt es wagen könnte, seine ganze Existenz von einem solchen Kraftwerk abhängig zu machen.

Den Mitgliedern des Projektes Noah und Beziehern der Zeitschrift »Exodus« werden vielleicht auf solche und andere Fragen im Rahmen ihres Abonnements auch Antworten offeriert. Uns anderen, die wir es versäumen werden, uns rechtzeitig beim neuen Noah als Fluchtwillige registrieren zu lassen, für 12 Dollar im Jahr, uns bleibt immerhin die vage Hoffnung, daß die Raumschiffer mit ihren Archen früh genug ins Weltall entweichen, ehe sie unser Geld mit der Herstellung von Müllraketen und Weltraumöfen verplempern und damit doch nichts anderes bewirken als eine Beschleunigung der Pleite und eine Verringerung der Konkursmasse. Vielleicht läßt sich von dieser noch weiterleben, wenn sich erst einmal diejenigen wegkatapultiert haben, die uns immer noch das Paradies für übermorgen versprechen: Die nächsten fünfzig Jahre seien kritisch, aber wenn wir sie überstünden, könne alles nur leichter werden – dies schrieb nun nicht die Zeitschrift Exodus, sondern der prominente Raumfahrtingenieur Krafft A. Ehricke, auch ein Protagonist von Weltraumöfen und außerirdischer Endlagerung atomaren Abfalls . . .

Der Raumfahrtprofessor
und die Kohlrabiheiligen

Gar trefflich ließe sich darüber streiten, was schlimmer ist: wenn ein Raketenbauer ein Feuilleton schreibt oder wenn ein Feuilletonist eine Rakete baut. Die Rakete des Feuilletonisten, so könnte man zum Beispiel argumentieren, wäre bestimmt eine Fehlkonstruktion und würde schon in der Werkstatt detonieren, während das Feuilleton des Raketenbauers irgendwo vergilbt, ohne Schaden anzurichten.

Alles falsch: Die Rakete des Feuilletonisten würde nie über papierne Entwürfe hinausgeraten, aber das Feuilleton des Raketenbauers könnte, einmal abgeschossen, ganze Landstriche verseuchen. So ein Feuilleton hat der Professor für Raumfahrttechnik Krafft A. Ehricke jüngst in der WELT gestartet, verworren und verwirrend, ein torkelnder Blindgänger im raketentechnischen Sinne, publizistisch gesehen aber ein Monument technokratischen Wähnens und insofern doch ein paar Worte wert.

Wir befänden uns, sagt Krafft A. Ehricke, nur in einer Übergangskrise, vor uns liege das Zeitalter einer hochentwickelten Technik auf einem »in den Weltraum hinaus erweiterten Umweltsockel«, aber eine wirkliche Chance hätten wir nur, »wenn Wissenschaft und Technik im öffentlichen Bewußtsein endlich zu einer integralen Komponente unserer sozio-zivilisatorischen Umwelt gemacht würden«.

So also klingt, kurz und bündig, die Zukunftsbeschreibung derer, die uns den »Umweltsockel« dermaßen verhunzt haben, daß sie ihn nun in den Weltraum hinein zu erweitern trachten müssen, und, weit entfernt davon, zu begreifen, daß es gerade die Technik als integrale Komponente unserer sozio-zivilisatorischen Umwelt ist, die uns mißfällt und zu schaffen macht,

201

fordern sie noch, die integrale Komponente müsse ins öffentliche Bewußtsein dringen, wo sie ja längst sitzt und den Leuten Kopfschmerzen verursacht.

Freilich: die da Kopf- und Bauchschmerzen bekommen, sind eben keine Raumfahrttechniker, manchmal sogar nur Feuilletonisten, die sich den Aufenthalt auf einem in den Weltraum hinein verlängerten Umweltsockel nur als fortgesetzte Steigerung jener Mißhelligkeiten auszumalen vermögen, welche uns Wissenschaft und Technik bisher schon bereitet haben, – es sind, mit einem Wort von Helmut Schmidt, die »Umweltidioten«, vom Minister Egon Franke auch »Pinscher« genannt und vom Raumfahrtprofessor Krafft A. Ehricke als »Kohlrabiheilige« apostrophiert.

Daß die Kohlrabiheiligen der Höherentwicklung einer für ihren Geschmack längst überentwickelten Wissenschaft und Technik mißtrauen, dafür hat der Raumfahrtprofessor eine simple Erklärung, die das Kernstück seiner Argumentation bildet. Es handele sich, so sagt er, um nichts weiter als um »liederliche Terminologie«, und zwar um die Verwechslung der Begriffe Produktion und Konsum. Die Kohlrabiheiligen sprächen von Ölproduzenten, wiewohl die Scheichs doch gar nichts produzierten, sondern in Wahrheit ihre Vorräte aufbrauchten. Wozu? Damit die Industriegesellschaft, fälschlich Konsumgesellschaft genannt, dasjenige produzieren könne, was sie dann verbrauche; denn, so Krafft A. Ehricke, das eben ist das Besondere der Industriegesellschaft, daß sie zuvor herstellt, was sie verbraucht, so daß sie füglich eine Produktionsgesellschaft genannt werden muß und nur ein Kohlrabiheiliger sie eine Konsumgesellschaft nennen kann. Woraus zwingend folgt, daß auch nur eine technologisch immer noch höher und höher entwickelte Produktion »die biologische Umwelt weitgehend entlasten« und die Fortführung des Lebens auf dem in den Weltraum erweiterten Umweltsockel möglich machen könne, – wenn es nicht an der »Erziehung zu logischem Denken« mangelte und damit an der Fähigkeit, solche Gedankengänge nachzuvollziehen und in die Tat umzusetzen.

Schwierig genug ist das ja, und unser Kohlrabihirn neigt eher zu der anderen Logik: daß das Öl, welches die Ölproduzenten produzieren (wozu wir sie angeleitet haben und was wir notfalls mit Waffengewalt zu erzwingen suchen würden), uns in durchaus unverbrauchtem Zustand geliefert wird und daß wir erst mit seiner Verbrennung den Verbrauch bewirken, den Krafft A. Ehricke den Scheichen in die Schuhe schieben will. Und ferner sagt uns die Kohlrabilogik, daß von einer Entlastung der biologischen Umwelt überhaupt keine Rede sein kann, daß vielmehr außer dem Öl auch noch manches andere konsumiert wird, so daß die Erschöpfung der Rohstoffvorräte längst kein Hirngespinst mehr ist, sondern in offiziellen Aufklärungsschriften des Wirtschaftsministeriums ernsthaft erörtert wird. Da ist es nichts weiter als Spiegelfechterei, wenn Krafft A. Ehricke mit raketenhafter Logik den beständigen Verbrauch durch die vorangegangene Produktion zu rechtfertigen trachtet wie jene Hausfrau, die einst beteuerte, ein selbstgebackener Kuchen koste rein gar nichts, weil sie alle Zutaten im Hause habe.

Gar nicht zu reden davon, daß die Produktion, die Krafft A. Ehricke als reine Tugend preist, nicht nur die Rohstoffe verbraucht, sondern auch den Verschleiß der Welt als solcher, die Menschen einbegriffen, zur Folge hat. Mehr und mehr entpuppt sich ja die industrielle Produktion als eine Art von Vandalismus, als schrittweise Vernichtung von Lebensgrundlagen, für die auch die weitere Produktionssteigerung keinen Ausgleich schaffen kann; der steigenden Produktion von Lärm mit der Erzeugung von immer größeren Mengen Ohrenwatte zu begegnen, ist betrügerisch.

Krafft A. Ehrickes Hohes Lied von der Produktion ist ein Lehrstück der Verdrehungskunst und als solches bezeichnend für den Geist, aus dem heraus die letzten verzweifelten Rettungsversuche eines sich selbst zerstörenden Industriesystems nach der falschen Seite hin betrieben werden. Wenn Raketenprofessoren solche Feuilletons abschießen, wird beispielhaft und schmerzlich klar, mit welcher Tollkühnheit diejenigen, die

eigentlich nur für Ballistik oder Treibsätze oder Notkühl-
systeme zuständig sind, ihre Zuständigkeit auf das gesamte
Schicksal des »Umweltsockels« erweitern und den Schein von
Kompetenz nutzen, der ihnen anhaftet. Da kann sich schon der
Wunsch regen, nicht sie möchten über den Fortgang der Welt
befinden, sondern eher jene, die keine Raketen bauen können,
die Kohlrabiheiligen, die Umweltidioten und all die anderen
Pinscher.

Granaten,
die im Glase wachsen

Jemandem die Pest an den Hals zu wünschen – das war, vor Zeiten, ein wirklich frommer Wunsch, denn damals sah man in einer Krankheit noch eine Schickung Gottes und ahnte nichts von der Mitwirkung der Bakterien und Viren an solchen Schikkungen. Immerhin: Schon 1763 ließ der Oberbefehlshaber der englischen Truppen in Nordamerika, ein Sir Jeffrey Amherst, den Indianern ein paar dreckige Decken aus einem Pockenspital ins Lager bringen und verursachte damit eine verheerende Epidemie, denn die Pocken waren bis zur Ankunft der Europäer unbekannt gewesen, die Indianer hatten keine natürliche Immunität dagegen entwickelt.

Die biologische Kriegsführung ist also sehr alt; der Wunsch, es möge den Gegner die Pestilenz hinwegraffen, hat Geschichte. Freilich sind die Berichte über Bakterienangriffe im Ersten und Zweiten Weltkrieg wohl erfunden und haben immer nur darauf abgezielt, den Feind propagandistisch anzuschwärzen. Wahr aber ist, daß man schon oft versucht hat, Methoden bakteriologischen Angriffs zu entwickeln, die zugehörigen Mikroorganismen zu züchten und sich gleichzeitig gegen derartige Angriffe zu wappnen. So war es keine Vereinbarung über ein Hirngespinst, die vor fünf Jahren, am 26. März 1975, in Kraft getreten ist und inzwischen von über 80 Nationen dieser Welt unterzeichnet wurde: die Konvention über das Verbot der Entwicklung, Herstellung und Lagerung bakteriologischer (biologischer) und Toxin-Waffen sowie über die Vernichtung solcher Waffen, soweit sie bereits existieren. Fünfzig Jahre vorher, 1925, hatte es schon einmal ein »Genfer Protokoll betreffend das Verbot der Anwendung von Giftgasen und bakteriologischen Mitteln« gegeben, aber es meinte nur die Anwendung dieser Mittel im Kriege, nicht die Herstellung und Lagerung, – was zugleich bedeutete, daß, nach der Haager Landkriegsordnung, ein etwa doch mit Bakterien unternommener Angriff mit gleichen Mitteln beantwortet werden durfte.

Gemessen an dem ganzen fürchterlichen Arsenal von Granaten und Raketen, Antiraketen, Atom-U-Booten und Neutronenbomben nimmt sich das Bakterium *Pasteurella pestis* eher anheimelnd aus, auch wenn es die Pest zu erzeugen vermag. Es hat, wie alle anderen zur kriegerischen Verwendung geeigneten Bakterien und Viren, unstreitig etwas Natürliches, und das Verbot seiner Verbreitung erscheint viel weniger dringlich als eine Vereinbarung über das Verbot der Verwendung atomarer Sprengköpfe.

Unter diesem Aspekt könnte man die Konvention über biologische Kampfmittel tatsächlich als eine Farce ansehen, – rührend vielleicht, weil an der offiziellen Einigkeit über einen unbedeutenden Punkt erst so recht ersichtlich wird, wie verschwindend gering die Hoffnung ist, daß über die bedeutenderen Punkte je Einigkeit erzielt werden könnte, rührend also, weil der scheinbare Erfolg die Vergeblichkeit anzeigt. Andererseits aber ist die biologische Kriegsführung doch auch der Gipfel schmutziger Kriegsphantasie, Ausgeburt eines wissenschaftlichen Geistes, der alles, was er findet, sogleich auf seine Verwendbarkeit für Zwecke der Zerstörung prüft. So wie die Chemiker jahrzehntelang die Militärs und die Politiker angefleht haben, doch endlich an die militärische Nützlichkeit von Giftgasen zu glauben, und sie zweckentsprechend anzuwenden, so haben Biologen und Mediziner alles getan, ihre Erkenntnisse über vernichtende Krankheiten als Grundlage einer neuen Art von Kriegsführung anzupreisen, und man muß nur die Berichte über die 137. Tagung der American Chemical Society in Cleveland (1960) über chemische und biologische »Verteidigung« (natürlich: »Verteidigung« und nicht »Kriegsführung«) lesen, um wahrzunehmen, daß kein hippokratischer Eid Ärzte davon abhalten kann, die Erzielung von Geländegewinn durch Freisetzung von Beulenpest-Bakterien für eine wünschenswerte und praktische Sache zu halten. Der Gipfel schmutziger Wissenschaft also – und dennoch ist das Verbot nicht mehr als eine Farce.

Dies hängt vor allem damit zusammen, daß schwer kontrollierbar ist, ob und in welchem Umfang ein Land in irgendwelchen hermetisch abgeriegelten Laboratorien die Herstellung und Fortpflanzung von Bakterien und Viren betreibt. Mit Luftaufklärung ist da so gut wie nichts auszurichten, jede freiwillige Kontrollvereinbarung läßt sich beliebig unterlaufen, und so könnten denn auch heute, fünf Jahre nach dem Inkrafttreten der Verbotskonvention, wohl nur die Geheimdienste einigermaßen realistisch beurteilen, ob das Verbot auch eingehalten wird. Wer weiß denn wirklich, was in dem geheimen Forschungszentrum Fort Detrick im US-Staat Maryland heute erforscht und betrieben wird – nur »NATO-Geheimdienstkreise« ließen gelegentlich verlauten, die USA seien das einzige NATO-Land mit »größerer bakteriologischer Schlagkraft«. Und wer will wirklich wissen, welche Mikroben zu welchen Zwecken in dem schwerbewachten Geheiminstitut von Kirow an der Wjatka, tief im Inneren der UdSSR, gezüchtet und gelagert werden – nur der 1977 emigrierte russische Schriftsteller Mark Popowski wußte vor zwei Jahren darüber einiges zu erzählen.

Eine wirksame Kontrolle möglicher Vorbereitungen für bakteriologische Kriegsführung wird noch dadurch erschwert, daß sich die Bakterien und Viren bei zusagenden Lebensbedingungen ungemein freudig vermehren. Das heißt: ein kleiner Vorrat reicht vollauf, um im Ernstfall binnen weniger Tage jene Mengen zu produzieren, die man braucht, um ganze Landstriche, Länder oder Erdteile zu verseuchen. Da gibt es keine Materialprobleme und keine Energieprobleme, die beliebige Multiplikation vollzieht sich von selbst, es ist, als ob die Granaten auf den Bäumen wüchsen. Und die Kosten sind, verglichen mit dem Anschaffungspreis eines Atom-U-Bootes (der bei etwa dreieinhalb Milliarden liegt), geradezu lächerlich gering.

Milzbrand, Rotz und Cholera, Brucellose, Tularämie, Pest

und Pocken, Psittakose und Gelbfieber, Fleckfieber, Lassa-Fieber, Ebola-Fieber, Marburg-Fieber und Botulismus – das sind die wichtigsten Artikel aus dem Katalog der strategischen Seuchenwaffen, nicht zu reden von den verlockenden Pflanzenkrankheiten, mit denen sich bei günstiger Windrichtung und zweckdienlich erdachten Verteilermechanismen ganze Ernten vernichten lassen.

Die geringen Kosten, mit denen sich all dies auf Flaschen ziehen und zur allfälligen Verwendung bereithalten läßt, gehörten mit zu den Gründen dafür, daß man, nur wenige Jahre vor jener Vereinbarung über ein Verbot biologischer Waffen, mancherorts die Bakterien und Viren als *das* Kriegsmittel der Zukunft ansah und seine Vorzüge gegenüber atomaren Vernichtungswaffen laut zu rühmen wußte: Ein paar hundert fähige Bakteriologen können in kurzer Zeit ein Vernichtungspotential erzeugen, wie es die Atomingenieure nur mit einem unvergleichlich viel höheren Aufwand und unter allerlei Risiken zuwegebringen. Und es fehlte auch nicht das Argument, daß bei solchen Rüstungsanstrengungen ganz gewiß viele schöne dekorative Nebenergebnisse für die Medizin in Friedenszeiten und für die genetische Forschung überhaupt abfallen würden.

Mit naturbelassenen Bakterien und Viren den Feind zu vernichten, erschien eine Zeitlang geradezu als Gipfel der Kriegskunst, und dies nicht nur, weil es so spottbillig war, sondern auch deshalb, weil die Entvölkerung eines Landes mittels Pest oder Tularämie alle Sachwerte unbeschädigt lassen würde. Die Leute sterben, aber die Infrastruktur bleibt erhalten – läßt sich etwas Praktischeres denken?

Und: ein paar Überlebende wird es auch immer geben, was den Verfechtern der biologischen Kriegsführung seinerzeit schon reichte, um diese Art des Kampfes geradezu als »human« zu empfehlen – und die das sagten, haben es nicht ironisch gemeint. Der Krieg als Infektionskrankheit, die Epidemie statt der Schlacht, fiebriger Durchfall mit Todesfolge statt eines richtigen Blutbades, wie es von den altmodischen Explosivstoffen angerichtet wird, und das Ganze in einer Umgebung, in der die Blumen weiter blühen, die Vögel ungerührt weitersingen, Häuser und Fabriken unangetastet bleiben und nur auf die Genesung der Übriggebliebenen sowie auf die Besetzer und die Desinfektionstrupps warten, damit das Leben wieder seinen Gang gehe. Humanität – und die davon sprachen, merkten offenbar nicht, daß die größte Perfidie gerade in dieser Maskierung des Krieges als hygienischer Maßnahme mit umgekehrtem Vorzeichen lag. Das vor zwanzig Jahren von einem Ausschuß des amerikanischen Kongresses gebilligte und warm befürwortete Programm der biologischen Kriegstechniker hieß: »Operation Blauer Himmel« . . .

Natürlich gibt es ein paar Schwierigkeiten. Zum Beispiel darf man, um die eigenen Leute nicht zu gefährden, nur solche Keime verwenden, für die man selber Impfstoffe oder andere Gegenmittel zur Hand hat; andererseits sind Krankheiten, für die Gegenmittel oder Impfstoffe beim Gegner vorhanden sind, kaum brauchbar. Der zynischen Gelassenheit, mit welcher man Mikroben in die für die Kriegszwecke unbrauchbaren und brauchbaren sortiert, je nachdem ob sie geeignet sind, möglichst viele Menschen möglichst schnell und sicher um ihr Leben zu bringen, diesem Zynismus entspricht die Perversität, mit welcher hier die ärztliche Kunst angewendet wird: Es geht nicht darum, die Menschen vor Mikroben zu schützen, sondern es geht im Gegenteil darum, Mikroben zu finden, zu züchten oder mit den kunstvollen Mitteln der Genetik herzustellen, gegen die sich niemand schützen kann. Der größte wissenschaftliche Erfolg im Verstand dieser perversen Wissenschaft wäre die Hervorbringung eines Organismus, den die Natur bisher noch nicht hervorzubringen vermocht hat und gegen den man folglich ganz und gar hilflos ist.

Es mag ja sein, daß dies nie gelingen wird, und es mag auch sein, daß all diese biologischen Kriegsmittel niemals eingesetzt werden, ja, es mag sogar sein – obwohl es sehr unwahrscheinlich ist –, daß daran dann auch jenes Verbot beteiligt ist, das vor fünf Jahren in Kraft trat, – aber es bleibt doch denkwürdig, daß Tausende von Wissenschaftlern, vornehmlich Biologen und Ärzte, all ihr Wissen darangesetzt haben und wohl auch noch immer daransetzen, herauszufinden, wie man die niederträchtige List jenes Sir Jeffrey Amherst, der den Indianern die Pokken schickte, mit den Mitteln der Wissenschaft des 20. Jahrhunderts vervollkommnen könne. Es geschah und geschieht in abgelegenen und abgesperrten Forschungsinstituten, es geschah und geschieht aber auch in der Weise, daß an einzelne Wissenschaftler oder Universitäten Forschungsaufträge vergeben werden, die manchmal nur undeutlich erkennen lassen, daß es sich um die Erforschung von Vernichtungsmitteln handelt.

Zwar muß hier vermerkt werden, daß es schließlich in den sechziger Jahren Denkschriften und Petitionen von Wissenschaftlern waren, die dazu beigetragen haben, die biologische Kriegsführung in die öffentliche Diskussion zu bringen, so daß schließlich jene internationale Vereinbarung zustande kam. Aber eine wenig später unternommene Befragung von Wissenschaftlern und Technikern erbrachte eine große Mehrheit *für* den Krieg mit Giften und Krankheitskeimen, und was die Vereinbarung angeht, so hat sie einige offizielle Vernichtungsaktionen bewirkt, im übrigen aber doch wohl eher eine Verschärfung der Geheimhaltung als die Verminderung des Forschungseifers.

Natürlich kann man argumentieren, daß man sich eine Waffe, über die der Gegner verfügt oder verfügen könnte, aus Gründen schierer Vernunft selber auch verschaffen muß, um notfalls auf die gleiche Weise zurückschlagen zu können. Da können sich beide Seiten auf Lenin berufen, der gesagt hat, wenn der Gegner eine neue Waffe habe, dann sei es eine unverzeihliche Dummheit, sie nicht auch zu besitzen. Dieses Argument ist sogar so weit strapaziert worden, daß man die Entwicklung biologischer Waffen geradezu als die beste Methode ausgegeben hat, ihre Anwendung zu vermeiden: Das legendäre Gleichgewicht des Schreckens sollte dafür sorgen, daß der Schrecken gar nicht Wirklichkeit würde, und zumindest die

Amerikaner haben stets betont, sie würden die biologischen Waffen nie und nimmer als erste verwenden, sondern ausschließlich im Gegenschlag.

Es fragt sich aber, ob wirklich ein strategischer Sinn darin liegen könnte, einem Gegner, der einem den Milzbrand geschickt hat, im Gegenschlag den Rotz anzuhängen, es fragt sich also, ob die Drohung mit dem biologischen Gegenschlag überhaupt wirksam ist und ob nicht vielmehr die Mikroben nur als strategisches Überraschungsmittel in Betracht kommen, so daß man, wenn man dergleichen nicht als erster zu praktizieren gedenkt, von vornherein auf die Produktion verzichten kann. Tut man das nicht, dann gerät der teuflische Mechanismus in Gang, der das bloße Vorhandensein einer Waffe zur ständigen und immer stärker werdenden Verlockung zu ihrem Einsatz werden läßt. Die Vernunft, mit der in ruhigeren Zeiten darüber nachgedacht wird, kann leicht in unruhigeren Zeiten der Hysterie weichen, und der Versuch, das Gleichgewicht des Schreckens herzustellen und zu erhalten, erweist sich dann als der gerade Weg ins große Desaster.

In einer Zeit, in der ein amerikanischer Präsidentschaftskandidat denen, die ihn wählen sollen, erklärt, ein Atomkrieg könne ganz gut gewonnen werden und fünf Prozent der Amerikaner würden ihn wohl überleben, in einer solchen Zeit mag es unerheblich sein, ob irgendwo im Westen oder Osten auch noch Bakterien und Viren produziert werden, und noch weniger von Belang, ob der Vertrag über ihre Ächtung eingehalten wird oder nicht. Lehrreich bleibt allemal, zu sehen, wie noch die humanste aller menschlichen Tätigkeiten, die medizinische Hilfe, doch endlich auch dem großen Ziel der großen Zerstörung dienstbar wird und wie hoffnungslos der Versuch ist, daran etwas zu ändern.

Woll'n Sie einen
Bomber kaufen?

Vor vier Jahren schätzten die Statistiker der Vereinten Nationen, daß von der einen Million hochqualifizierter Wissenschaftler und Techniker in aller Welt weit mehr als jeder dritte, nämlich rund vierhunderttausend, sein Brot mit der Erforschung
und Entwicklung von Waffen verdiene, – nicht gerechnet jene,
die unverfängliche »Grundlagenforschung« betreiben und oft
genug die »Grundlagen« für wieder neue waffentechnische
Fortschritte legen.

Die emsige Arbeit der Vierhunderttausend trägt reiche
Früchte. Die Welt ist voller Sprengmittel, mit denen sich mehr
als eine Welt in die Luft jagen ließe, und die Köpfe der Strategen sind voll von Ideen, wie man diese Sprengmittel am besten
einsetzen kann, im Erstschlag oder im Zweitschlag, begrenzt
und unbegrenzt, auf Mittelstrecken oder auf Langstrecken.
Daß man durch den Vollzug eines Erstschlags zum Opfer eines
Zweitschlages werden kann, ist wohl der einzige Umstand, der
uns, wenn auch höchst provisorisch und unzuverlässig, bisher
davor bewahrt hat, der Verdampfung anheimzufallen.

Inzwischen sind aber die Vierhunderttausend nicht müßig
gewesen, und was einige von ihnen dabei sind zu entwickeln,
verschafft den Strategen wieder die erwünschte Möglichkeit,
über einen Erstschlag nachzudenken, der so schnell erteilt wird,
daß dem Gegner keine Zeit zur Auslösung eines Zweitschlages
bleibt: Der gute alte Bomber kommt wieder und wird das Arsenal der Raketen wenn nicht ersetzen, so doch mit einer Novität
bereichern. Der Bomber, der, höchst geheim, in den USA in Arbeit ist, trägt den Namen *Stealth*, was so viel wie »Heimlich-
keit« bedeutet, und unterscheidet sich von allen sonst üblichen
Bombern dadurch, daß er mit Radarstrahlen nicht aufzufinden

ist. Selbst der *new scientist*, eine englische Wissenschaftszeitschrift, die kürzlich die Kunde von *Stealth* brachte, wußte nicht genau zu sagen, wie sich der Bomber unsichtbar macht; nur Vermutungen ließ er laut werden: daß *Stealth* vorwiegend aus nichtmetallischen Baustoffen besteht, zum Beispiel aus Karbonfiber, daß er dazu noch mit einer Radar-absorbierenden Farbe angestrichen ist, daß die Triebwerke in langen Röhren versteckt sind, damit sie möglichst wenig Infrarot abstrahlen, und daß es sich vermutlich um ein überaus flaches, stromlinienförmiges Nurflügel-Flugzeug handelt.

Der Traum von der Tarnkappe scheint endlich erfüllt, die Vorteile und strategischen Folgen der neuen Konstruktion unübersehbar. Der prophylaktische Erstschlag ohne das Risiko der Vergeltung erscheint wieder einmal möglich und die Philosophie der Friedenssicherung wird wieder einmal umgeschrieben. Der *new scientist* aber war von den neuen Aussichten so angetan, daß er *Stealth* auf dem Titel abbildete, und zwar, mangels konkreter Kenntnisse, karikiert als ein graues, aber fröhlich grinsendes Lebewesen auf leisen Pfoten, mit einer Diebsmaske vor den Augen und mit dicken roten Bomben unter den Flügelarmen, ein lustiges Gespenst. Und da der *new scientist* das ungemein witzig fand und zumindest bei einem Teil der hochqualifizierten Wissenschaftler, die seine Leser sind, Lust an kriegerischem Humor voraussetzen konnte, bot er das Titelbild zugleich als Poster im Format 40×60 cm für 8 Mark 50 inklusive Porto und Verpackung an, unter der launigen Überschrift: »Pst! Woll'n Sie'n Bomber kaufen?« und mit der Erläuterung »*Stealth* ist für die Russen unsichtbar, aber Sie können ihn sehen. Bestellen Sie, bevor die Bomben fallen!«

Der Spott über so ungeschlachten schwarzen Humor bleibt einem im Halse stecken. Der neue Bomber als Achtmarks-Poster, die Vernichtungsmaschine als Karikatur für die Laboratoriumswand, – als was? Als Ansporn fürs weitere Erfinden? Als Sinnbild dafür, wie lustig das Leben doch ist, wenn man es damit verbringt, Vorrichtungen zu ersinnen, mit denen man andere foppen und anschließend ausrotten kann? Als verzweifelter Versuch, sich über die Schrecken der Zerstörung, die man vorzubereiten hilft, mit einem Witzbild hinwegzutäuschen? Das oft zu hörende Argument, die Wissenschaft erfinde nur und über die Anwendung der Erfindungen hätten schließlich die Politiker zu entscheiden, verliert jedenfalls an Überzeugungskraft, wenn Hunderte von hochqualifizierten Wissenschaftlern sich das lustige Bomberporträt an die Wand hängen und mit ihrer Sympathie für das vortreffliche Gerät zugleich bekunden, daß die letztmögliche Steigerung des Wahnsinns darin besteht, daß über den Wahnsinn gekichert wird, als wär's ein guter Gag.

Über Columbia, den Krieg und die Verwundbarkeit

Columbia, die Weltraumfähre, war zurückgekehrt. Das technische Abenteuer wurde bewundert, die Piloten als waghalsige Pioniere gefeiert. Teils klang der Beifall wie im Zirkus, teils so arglos, als hätte dieses Unternehmen wirklich nur den Zweck, das Wohl der Menschheit im allgemeinen und das Satellitenwesen im besonderen zu fördern. Dabei wußte jedermann, auch ohne sowjetische Proteste, daß Columbia den Beginn eines neuen Kapitels in der Geschichte der Weltraumkriegsführung darstellt, und eben jene, die da applaudierten, haben zugleich, und mit Recht, Angst davor, daß der Krieg – und also auch der von dieser Technik ermöglichte Weltraumkrieg – Wirklichkeit werden und sie selbst vernichten könnte. Es ist, als ob jemand ein Stilett auf sich gerichtet sieht und nur den Mund aufsperrt vor Staunen darüber, wie trefflich sein Griff ziseliert ist. Am wenigsten waren es die ansonsten gut informierten Fernsehkommentatoren, die irgend etwas von dem blanken Entsetzen vermittelt hätten, das die Zuschauer doch packen müßte, wenn sie wieder mit Blitz und Donner und dichtem Qualm eines dieser gigantischen Geschosse aufsteigen sehen, deren letzter Daseinszweck immer die Vernichtung ist.

Statt Entsetzen also: Begeisterung für das technische Wunderwerk. Und für alles andere gibt es Sachbearbeiter, die einen fürs Militärische, die anderen für den Zivilschutz. Die Zivilschützer suchen den Eindruck zu erwecken, daß es wirklich reelle Chancen gäbe, einem nuklearen Holocaust zu entkommen und als könnte es wünschenswert und sinnvoll sein, die Überlebenschance zu nutzen. In London hat die Nuclear Protection Advisory Group, eine Beratungsstelle für den Schutz

215

vor Atomgefahren, ein Seminar abgehalten, bei welchem britische Geschäftsleute gegen ein Honorar von 143 Pfund darüber informiert wurden, wie sich Industrieunternehmungen gegen einen Atomangriff wappnen könnten und was sie tun müßten, damit auch nach dem Angriff die Geschäfte ihren Lauf nehmen könnten. Architekten, die sich dem Schutzraumbau verschrieben haben, und Bunkerhersteller versprachen dem Auditorium, sie könnten sowohl das Überleben der Belegschaft als auch die Fortsetzung der Produktion zumindest wahrscheinlich machen, und die englische Wissenschaftszeitschrift *new scientist* berichtete, einer der Spezialarchitekten habe bereits Fallstudien erstellt für zwei Firmen, die an der postnuklearen Produktion interessiert sind: die eine stellt Röstöfen her, die andere Apparaturen für passive Schlankheitsgymnastik, und beide sind offenbar guten Mutes, daß ihre Produkte auch nach einem Atomschlag gleich wieder Abnehmer finden werden.

Weit realistischer als solche Art der Zukunftsfürsorge erscheinen die Überlegungen, die der amerikanische Energieexperte Wilson Clark in einer eben veröffentlichten Studie für das Bundesamt für Katastrophenschutz angestellt hat. Clark befaßte sich mit der Frage der Verwundbarkeit der Energieversorgung im Kriegsfall. Er kommt zu dem Ergebnis, daß diese nicht nur auf der Ölabhängigkeit, sondern eher noch mehr auf der stetig wachsenden Zentralisierung der Produktionsanlagen beruht: Immer größere Kraftwerke sind lohnende Ziele für einen Angriff, und ihre Zerstörung ist lebensgefährlich für das Land. Was Clark als Gegenmittel empfiehlt, ist gewissermaßen das kleine ABC einer alternativen Energiepolitik, ohne Atomenergie, wie es inzwischen weltweit und überall gleich buchstabiert wird: Dezentralisierte Erzeugung erneuerbarer Energie, Nutzung industrieller Abwärme, Kraft-Wärme-Kopplung und Hausisolierung. Clark zitiert in seinem Bericht eine Untersuchung, wonach es genügen würde, zehn Jahre lang je zehn Milliarden Dollar als zinslose Darlehen für Isolierungsmaßnahmen zu vergeben, um 75 Prozent des Wärmeinhalts der gegenwärtigen amerikanischen Ölimporte einzusparen und damit die Verwundbarkeit des Landes zu mindern. Zehn Milliarden Dollar, das ist genau der Preis des Columbia-Projekts, das ja auf seine Weise gleichfalls dazu dienen soll, die Verwundbarkeit zu mindern.

Wer gegen solche Vergleiche einwendet, daß man mit Hausisolierung den Landesfeind nicht abwehren kann, daß es dazu vielmehr der militärischen Macht bedürfte, mag bei Clark nachlesen, wie illusorisch diese Macht leicht werden könnte. Man habe nämlich, sagt Clark, bisher noch kaum beachtet, in welch ungeheurem Maße die Verwendung der Mikroelektronik die Verwundbarkeit erhöht habe. Alle hochgezüchteten elektronischen Steuerungsvorrichtungen des Landes, und nicht zuletzt die der Kraftwerke, könnten nämlich mit einem Schlage durch eine einzige in großer Höhe explodierende Atombombe funktionsunfähig gemacht werden; die Explosion verursache einen nur Mikrosekunden währenden, aber hochintensiven »Ausbruch« elektromagnetischer Energie, die auch über große Entfernungen hinweg die ganze Mikroelektronik paralysiere, und während man vor zwei Jahren noch angenommen habe, daß es achtzig feindlicher Raketen bedürfe, um die amerikanische Energieversorgung lahmzulegen, müsse jetzt damit rechnen, daß bereits eine oder höchstens zwei Atombomben, an den richtigen Stellen in der oberen Atmosphäre gezündet, den totalen Zusammenbruch des amerikanischen Energienetzes herbeiführen könnten. Das ist nun fast schon ein anheimelnder Gedanke: daß jene Mikroelektronik, an deren Funktionieren von Tag zu Tag mehr unser ganzes Leben auf dieser Erde abhängt, gerade durch ihre Verwundbarkeit die Ursache dafür sein könnte, daß ein Gegner gar nicht die große Vernichtung in Gang bringt, sondern nur, mit der linken Hand gewissermaßen, die künstlichen Hirne außer Kraft setzt und damit einen Kollaps erzeugt, der, wenn es gut geht, weniger Blut und Trümmer kosten wird als der atomare Vernichtungsschlag. Die militärischen Missionen von Columbia würden sich dann freilich erübrigen, das Geld könnte man in die Hausisolierung stecken, damit die Leute, wenn die Elektronik der Kraftwerke kaputt ist, nicht erfrieren. Ärgern würden sich nur jene Bunkerkäufer, die vergebens gekauft hätten.

Auch wer nicht zu hoffen wagt, daß es so glimpflich abgeht, mag aus dem Umstand, daß ein amtlicher Forschungsbericht es immerhin für denkbar hält, die Anregung ziehen, einmal über den Grad von Abhängigkeit nachzudenken, in den wir geraten sind. Der Gedanke, daß die Computer uns beherrschen, wird vielleicht bald schon weniger erschreckend sein als die Furcht, sie könnten, Knall auf Fall, mit dem Herrschen aufhören.

Das Wispern
nach dem Knall

Die Zündung einer Atombombe in großer Höhe – so haben wir unlängst gelernt – erzeugt eine elektromagnetische Schockwelle, die mit einem Schlag im weiten Umkreis alle elektronisch gesteuerten Vorrichtungen, vom Telefon bis zum Kraftwerk, außer Funktion setzt und damit sowohl die Zivilisation als solche wie auch die für Gegenschlag oder Friedensverhandlungen unerläßliche Kommunikation lahmlegt. Mit großem Eifer betreibt man in Ost und West den Versuch, wenigstens die militärischen Apparaturen gegen den Schock abzuschirmen.

Inzwischen verbreitet sich die Kunde, daß auch »normale«, also nicht in großer Höhe, sondern am Erdboden detonierende Atombomben einen ganz ähnlichen Nebeneffekt haben, indem sie die Ionosphäre in Mitleidenschaft ziehen. Die Ionosphäre ist jener höhere Bereich der irdischen Lufthülle, in welchem die Luftmoleküle zwar dünn gesät, dafür aber durch Strahlung aus dem Weltraum elektrisch aufgeladen sind und für den Funkverkehr über große Entfernungen als Reflektoren wirken. Jede Atombombenexplosion und erst recht jede atomar geführte Auseinandersetzung größeren Stils verursacht Turbulenzen in der Ionosphäre, der Funkwellen-»Reflektor« bekommt Sprünge und Beulen, und was er reflektiert, ist bis zur Unkenntlichkeit verzerrt.

Da kann dann keine Kommunikation mehr funktionieren. Die Militärs in ihren Bunkern bleiben so stumm wie die Diplomaten, es kann weder geschossen noch verhandelt werden, von den etwa möglichen Hilfsaktionen für die Menschen gar nicht zu reden. Dem atomaren Donnerschlag folgt das große Schweigen und währt so lange, wie die Ionosphäre lädiert bleibt – und das kann lange dauern.

Es gibt eine alte Regel, wonach Wissenschaft und Technik aus solchen und anderen selbstverschuldeten Mißhelligkeiten auch selber wieder einen Ausweg finden. Das stimmt zwar längst nicht mehr so durch die Bank; zu viel schlechthin Irreparables hat sich inzwischen angesammelt, so daß jene Regel geradezu zum Inbegriff eines abgelebten Fortschrittsglaubens geworden ist. Fürs Militärische freilich trifft sie bemerkenswerterweise immer noch zu, da findet sich immer noch für jedes Geschoß ein Antigeschoß, für jeden Panzer eine Panzerfaust und folglich auch für die kaputte Ionosphäre und die durch sie bewirkte Funkstille ein Ausweg. Irving Gottlieb, Chefredakteur der amerikanischen Fachzeitschrift »Defense Electronics«, (zu deutsch »Verteidigungselektronik«) vermerkt dazu, *nature itself*, »die Natur selber« biete diesen Ausweg an – so als wäre auch der Abwurf von Atombomben ein Naturereignis, dessen lästige Folgen zum mindesten in bezug auf die Ionosphäre »die Natur selber« wieder zu korrigieren helfe.

Was die Natur da anbietet, sind die Meteoritenschauer, die unablässig in den Schichten oberhalb der Ionosphäre aus dem Weltraum eintreffen und, da die einzelnen Meteoriten winzig klein sind, augenblicklich verdampfen. Dabei entsteht sozusagen eine Ersatz-Ionosphäre, ein dünner Nebel elektrisch geladener Moleküle von allerdings ständig wechselnder Dichte und Verteilung. Um ihn als Reflektor für Funkwellen nutzbar zu machen, muß man eine Wellenlänge finden, mit der man die gestörte Ionosphäre durchdringen kann, und man muß eine Methode der Signalübertragung haben, mit der sich die Unregelmäßigkeiten des Reflektors ausgleichen lassen.

Für beide Probleme hat man die Lösung gefunden: Man sendet mit Wellen ziemlich niedriger Frequenz, die von der Ionosphäre kaum gestört werden, und man arbeitet mit Stationen, die zugleich Sender und Empfänger sind: Das bedeutet, daß eine Botschaft von einer Station gesendet, von der zweiten empfangen und in der möglicherweise verzerrten Form wieder an die erste Station zurückgesendet, von dieser korrigiert und wieder neu auf den Weg gebracht wird, so lange, bis der Wortlaut stimmt. Das Verfahren funktioniert halbautomatisch, die tragbaren Geräte dafür sind handlich und preiswert, der Energieverbrauch ist gering, die Reichweite groß, und zur Bedienung bedarf es nur geringer Fertigkeiten.

Fein ausgedacht ist das alles, und die Apparate gibt es auch schon, wer will, kann sich einen anschaffen, um, wenn er überlebt, gleich mit dem Katastrophenstab Kontakt aufzunehmen. Voraussetzung dafür ist freilich, wie Irving Gottlieb mitteilt, daß man sich beizeiten Gedanken darüber macht, welche Botschaften man im Ernstfall zu verbreiten gedenkt und wie man sie präzise formuliert und verschlüsselt – denn für ausführliche Telefongespräche eignet sich die Vermittlung via Meteoritenschauer nicht, nur für knappe Daten. So etwas will überlegt sein – Codewörter und verschlüsselte Gebrauchsanweisungen für Vergeltungsschlag oder Kapitulation, für Strategie und Katastrophenmanagement, wenn es denn noch möglich ist. Auf der Erde toben Strahlenstürme, aber in einigen Bunkern sitzen vielleicht noch Menschen und senden, mit Hilfe von Meteoritenschauern, Botschaften an andere Menschen in anderen Bunkern. Die Erfindungskunst kennt keine Grenzen und selbst die Zerstörung der Ionosphäre ist für die Experten der Elektronik noch nicht das Ende aller Kommunikation, folglich auch für die Militärs noch nicht das Ende aller Strategie. Nicht der Atomschlag wird die letzte irdische Verrichtung vor dem Rückfall ins Nichts oder in eine chaotische Steinzeit sein, nicht der Knall, sondern das Wispern einer Kommunikation, die im voraus zu formulieren Irving Gottlieb allen Verantwortlichen als dringende Aufgabe ans Herz legt. Wer es leid ist, über den Atomkrieg nachzudenken, mag überlegen, *wer* nach einem solchen *wem was* zu sagen hätte – via Meteorit.

Schlußkadenz

Es wäre der hohen Intelligenz des Menschen und dem Grad seiner technischen Kunstfertigkeit unangemessen, wenn die Welt nur im einfältigen Blitz einer nuklearen Explosion unterginge. Selbst als zwiefältiger Blitz von Erstschlag und Zweitschlag bliebe das, dramaturgisch gesehen, ein ungemein schwacher Abgang, woran das Getöse, das ihn begleitet, um so weniger zu ändern vermag, als wir dieses nur ansatzweise hören werden. (»Die Druckwelle«, so lehrt nämlich das diesbezügliche Merkblatt des Bundesverbandes für den Selbstschutz, März 1978, »kündigt sich mit einem tiefen Donnern an. Beim Eintreffen der Druckwelle steigert sich dieses Grollen zu einem harten Schallknall.« Das Merkblatt sagt nichts darüber, ob man, wenn einen die Druckwelle erst einmal erreicht hat, noch ein Ohr für den harten Schallknall hat.)

Ein schwacher Abgang also. Da wir aber nicht nur die Aufführung mit dem Leben, sondern auch ihre Vorbereitung mit unseren Steuern bezahlen, können wir füglich erwarten, daß die Veranstalter sich, solange noch Zeit ist, Gedanken darüber machen, ob und wie das Finale ein wenig gehaltvoller zu machen wäre.

Tatsächlich hört man neuerdings immer öfters, das Ende werde nicht kurz und schmerzlos kommen, vielmehr sei ein sozusagen regulärer Atomkrieg als Vorbereitung auf dasselbe durchaus denkbar und übrigens ein Überleben fallweise nicht ausgeschlossen, nur für ärztliche Hilfe könne dabei nicht garantiert werden.

Dramaturgisch überzeugender ist aber ein anderer Regieeinfall, von dem die Fachleute selber so fasziniert sind, daß sie erst langsam anfangen, öffentlich darüber zu reden. Es handelt

sich, musikalisch gesprochen, um eine Schlußkadenz, und welt-
geschichtlich betrachtet darum, daß wir, lebendigen Leibes und
ohne irgendwie verletzt zu werden, zusehen können, wie unsere
technische Kultur lautlos in sich zusammensackt, gewissermaßen zerbröckelt, bevor früher oder später die Druckwelle
mit dem harten Schallknall folgt. Der Einfall stammt, aus-
nahmsweise, einmal nicht von den Veranstaltern, sondern sozusagen von der Physik selber, und die Physiker haben ziemlich
lange gebraucht, bis sie überhaupt begriffen hatten, was da vor
sich geht.

Es ist auch wirklich sehr kompliziert und eine physikalische
Beschreibung eher irreführend, weil sie sich ganz harmlos an-
hört: Gammastrahlen treffen auf Luftmoleküle, schnippen aus
ihnen sogenannte Compton-Elektronen heraus, und die suchen
sich eine Linie im Erdmagnetfeld und wirbeln immer um diese
Linie herum, wobei sie einen EMP erzeugen. Ein EMP ist ein
electromagnetic pulse, zu deutsch etwa eine elektromagnetische
Schockwelle, und sie entsteht immer dann, wenn sich in sehr
großer Höhe, außerhalb der Erdatmosphäre, eine Atomexplosion ereignet. Eine solche Schockwelle zu verursachen, lag keineswegs in der Absicht der Erfinder, und sie waren zunächst
auch sehr erstaunt, als sie erfuhren, daß während eines Atom-
bombentests hoch über dem Pazifik im achthundert Meilen ent-
fernten Honolulu alle Alarmanlagen zu gleicher Zeit losgeheult
hatten, und daß in Oahu die gesamte Straßenbeleuchtung er-
loschen war.

Dies, so fanden die Experten dann heraus, war eine Folge
von EMP. Die Schockwelle, die nicht zu spüren ist und nieman-
dem wehtut, übrigens auch nur einen unvorstellbar winzigen
Teil einer Sekunde dauert, schlägt ähnlich wie ein Blitz in alle
Kabel, alle Antennen, alle Leitungen ein, ja, sogar in Eisen-
bahnschienen, rast durch alle Transformatoren, Schalter, Mikroprozessoren, Halbleiterdioden, integrierte Schaltkreise und
was sonst an den Leitungen hängt, jagt hindurch wie ein Wir-
belsturm über einen Campingplatz, schaltet ein, was nicht eingeschaltet sein soll und schaltet aus, was eingeschaltet ist, be-

schädigt oder zerstört die empfindlichen Eingeweide der Apparaturen, kann sogar Motoren in Mitleidenschaft ziehen und stiftet elektronischen Unfug aller Art. Kontroll- und Informationssysteme werden augenblicklich lahmgelegt, die Kommunikation kollabiert, die Stromversorgung ebenfalls, das Chaos bricht aus, aber wahrscheinlich ganz leise.

Je höher die Atomexplosion, um so größer die Reichweite von EMP. Eine Explosion 200 Kilometer über Kansas City würde die gesamten Vereinigten Staaten von Amerika elektronisch durcheinanderwirbeln und alles das vollkommen paralysieren, was von Computern, Schaltkreisen und Elektrizität abhängig ist – und was wäre davon nicht abhängig. Straßenbahnen bleiben stehen, Fernseher und Radios verstummen, dafür brennen vielleicht alle Motoren von allen Elektroloks auf einmal durch, alle Ampeln schalten auf Grün, bevor der Strom endgültig ausfällt, alle Telefonleitungen sind tot, alle Computer versagen und die Flugzeuge fallen vom Himmel, Aufzüge bleiben stehen, Herzschrittmacher gleichfalls, die Schaltzentralen von Kraftwerken, Gleisanlagen oder Polizeistationen gehorchen keinem Kommando, nichts geht mehr – außer vielleicht einigen militärischen Vorrichtungen, die man inzwischen, mühsam und kostspielig, gegen die Schockwelle abgesichert hat. Zu diesem Zweck muß jedes Einzelelement für sich geprüft und schockfest gemacht werden, wobei man sich riesiger Simulatoren bedient, – eine Nachrüstung eigener Art, von welcher der Planungsdirektor des amerikanischen Generalstabs verlauten ließ, sie sei eine der wichtigsten strategischen Aufgaben des kommenden Jahrzehnts, während ein anderer Experte, der die Verwundbarkeit des zivilen Sektors ermitteln will, schon gleich nach Beginn seiner Untersuchungen tiefstes Entsetzen äußerte und die ganze Angelegenheit dem Bundesamt für Katastrophenschutz als eilbedürftig anempfahl.

Wer, wie die meisten von uns, keine militärischen Anlagen besitzt, wird zumindest vorderhand auf einen Schutz gegen die Schockwelle verzichten müssen. Stahl und Blei, die dazu in großen Mengen nötig sind, werden vornehmlich dazu dienen, jene

Raketensilos und Kommandoleitungen abzuschirmen, mit deren Hilfe man der vom jeweiligen Gegner angestimmten Schlußkadenz dann selber schnell noch den Paukenschlag des Finales folgen lassen kann, – nachdem der Zusammenbruch aller Kommunikationssysteme selbst die Übermittlung eines Kapitulationsangebots verhindern würde.

Die Strategen im Westen und im Osten dieser Welt zerbrechen sich die Köpfe, wie sie einerseits die eigene Verwundbarkeit mindern, andererseits aber die Schockwelle in den Dienst ihrer guten Sache stellen können, und beide Seiten müssen dabei noch bedenken, daß sie sich bei dem Versuch, Raketen des Gegners über dem eigenen Territorium durch Antiraketen unschädlich zu machen, selber ihre eigene Schockwelle bescheren könnten: Die Verteidigung wirkt als Angriff auf den Verteidiger zurück. Die strategischen Kategorien geraten hoffnungslos durcheinander, die Logik des Absurden triumphiert, und uns bleibt nur die kleine, rein philosophische Genugtuung, daß die Schlußkadenz, bevor sie in den harten Schallknall des Endes mündet, noch einmal eindrucksvoll zeigt, wie dumm die Schlauheit und wie schlau die Dummheit waren, die da ihr gemeinsames Werk zum Ende führen.

Nachbemerkung

Mit wenigen Ausnahmen sind die Stücke dieses Buches innerhalb der letzten acht Jahre in der Zeitschrift SCHEIDEWEGE erschienen. Manche von ihnen knüpfen sich an aktuelle Vorkommnisse aus diesen Jahren; es wurde darauf verzichtet, solche Hinweise durch Retuschen auf den Stand des Erscheinungsjahres dieses Buches zu bringen: Da jederzeit alles möglich ist, ist es ganz gleichgültig, wann es sich zufällig ereignet hat. – »Der unbegreifliche Garten« ist gegenüber der in den SCHEIDEWEGEN erschienenen Fassung um einiges erweitert worden.

Jacques-Yves Cousteau:

aus dem Meeresforscher wurde ein Umweltschützer. Seine bei Klett-Cotta erscheinenden Umweltlesebücher sind Wegweiser in der Wüste der globalen Umweltzerstörung. Sie warnen vor den Gefahren, sie nennen die Schuldigen und zeigen uns Wege in eine lebenswerte Zukunft.

Cousteau-Umweltlesebuch 1:
Bestandsaufnahme eines Planeten

199 Seiten mit zahlreichen Abbildungen und Karten, kartoniert.
ISBN 3-608-93015-9

Cousteau-Umweltlesebuch 2:
Saurer Regen und andere Katastrophen

230 Seiten mit zahlreichen Abbildungen und Karten, kartoniert.
ISBN 3-608-93016-7

in Vorbereitung:

Cousteau-Umweltlesebuch 3:
... und wurde wieder wüst und leer

Cousteau-Umweltlesebuch 4:
Die Reiter der Apokalypse

Herausgegeben von Jacques-Yves Cousteau und den Mitarbeitern der Cousteau-Society.

Aus dem Amerikanischen übersetzt von Elke Martin.
Für die deutsche Ausgabe bearbeitet von Elke Martin und Hermann Feuersee.